選手

INVERTED FULL-BACK

현대 축구에서 풀백만큼 경기 도중 수행해야 하는 역할이 크게 변화해온 포지션은 없을 것이다. 풀백이라는 용어 자체가 경기장에서 가장(Full) 뒤쪽(Back)에 머무르며 상대의 공격을 저지하는 수비 능력만이 중요하던 포지션이라는 뜻이었는데, 점차 공격 가담과 크로스 능력이 중시되기 시작했고 공격에 가담하는 방식 또한 다양하게 진화해 측면 공격수, 수비형 미드필더, 중앙 미드필더, 심지어는 공격형 미드필더에 가까운 움직임까지도 요구받는다. 심지어는 역으로 중앙 미드필더를 풀백 포지션에 기용해서 인버티드 풀백(중앙 지역으로 움직이는 풀백)으로 활용하기까지 한다. 트렌트 알렉산더-아놀드는 고도로 진화한 풀백 중에서도 매우 특별한 선수라고 할 수 있다. 최고 수준의 플레이 메이커나 다름없는 축구 지능, 넓은 시야, 정확한 패스, 강력한 슈팅 능력을 모두 갖추고 있으면서도 본인의 선택으로 라이트백 포지션을 익혔기 때문이다. 풀백으로서 일대일 수비 능력이 떨어진다는 비판이 따라붙기도 하지만, 아놀드는 이러한 단점보다 훨씬 큰 장점을 갖추고 있다. 게다가 운이 좋게도 위르겐 클롭이라는 명장을 만나 리버풀의 득점 기회 창출과 공격 전개를 책임지는 특별한 존재로 성장해 왔다. 아놀드를 바라보는 시각은 양면적이다. 가지고 있는 장점이 미드필더에 더 어울리기 때문에 차라리 풀백 대신 미드필더로 뛰는 것이 낫다는 시각도 존재하는 반면, 최신 전술 트렌드에서는 풀백이 중원 싸움에 가담하는 하이브리드 역할이 대세인 데다가 아놀드 정도의 재능이면 그를 중심으로 팀을 구성하고 전술을 조정할 가치가 있다는 시각도 존재한다. 리버풀에서 이뤄온 성과로 보면 후자에 무게가 실리지만, 잉글랜드 대표팀에서는 전자에 가까운 시각으로 인해 아직 핵심 선수가 되지는 못했다. 이 책을 통해 아놀드의 성장 과정과 활약상을 따라가 보고, 현대 축구에서 풀백이라는 포지션을 재정립한 뛰어난 선수들의 면면 또한 살펴보도록 하겠다. 한 가지 기억해야 할 점은 풀백이라는 포지션이 팀에서 가장 강한 체력을 갖추고 가장 빠른 속도로 그라운드를 누벼야 하는 동시에 언제 어디로 움직여야 하는지 전술적인 판단도 가장 많이 요구된다는 사실이다. 독자들이 앞으로 축구 경기를 관람하실 때 공격수들의 화려한 마무리만이 아니라 풀백들의 헌신적이고 지능적인 플레이에도 더욱 눈길을 주게 되시기를 기대해 본다.

CONTENTS

4   프롤로그

8   **Fateful Encounter** 트렌트와 축구의 운명적인 만남

14   **Dream Realized** 프로 계약의 꿈을 이루다

24   21세기 최고의 풀백 탑 10 / 빅상트 리자라쥐 – 레프트백의 교과서
30   카푸 – 브라질의 영원한 캡틴

34   **Member of Liverpool** 유망주를 넘어 리버풀의 일원으로

44   **Beginning of a Legend** 전설의 시작, 유럽 무대 정상에 오르다

56   호베르투 카를로스 – 'UFO 슛'을 보여준 초인적인 신체 능력
62   잔루카 잠브로타 – 무결점의 멀티 플레이어

68   **Becoming Champions** 리버풀의 숙원, 프리미어 리그 챔피언 등극

78   **Class Under Pressure** 위기 속에서 증명한 클래스

88	마이콘 - 인테르의 전성기를 이끈 거인
94	다니 알베스 – 필드 전체를 누비는 연계 플레이

98   **Last Flame** 화려한 부활, '헤비메탈 축구'의 마지막 불꽃

108   **Becoming Inverted** 인버티드 풀백으로의 변신

116	필립 람 – 과르디올라가 인정한 최고의 천재
122	카일 워커 – 전술을 구현하는 스피드 몬스터

128   **Liverpool & Jürgen Klopp** 리버풀 2.0과 클롭의 라스트 댄스

138   **New Beginning** YOU'LL NEVER WALK ALONE

146	다니 카르바할 – 한계를 모르는 레알 마드리드의 아이콘
152	주앙 칸셀루 – 왼쪽과 오른쪽을 가리지 않는 재능

156	에필로그

FATEFUL

트렌트와 축구의 운명적인 만남

1998년 10월, 잉글랜드 리버풀 지역에서 태어난 아놀드에게 축구에 대한 첫 기억은 다섯 살 때 유명 축구 하이라이트, 분석 프로그램인 '매치 오브 더 데이'를 보던 것이다. 잉글랜드는 종주국답게 모든 소년의 꿈이 축구 국가대표 선수가 되는 것이라고 해도 과언이 아닐 정도인데, 아놀드 또한 예외는 아니었다.

ENCOUNTER

> "경기장에 들어서는 순간부터 리버풀 선수가 되고 싶다는 생각이 들었습니다. 어떻게든 해내겠다는 생각만 했지 안 될 거라고 생각해본 적은 한 번도 없어요."

- 트렌트 알렉산더-아놀드의 인터뷰 중

INVERTED FULL-BACK

그의 삼촌인 리치 패트리지가 레딩과 밀월에서 활약한 프로 선수 출신이었기에 집안 모두가 축구를 좋아하는 건 당연했다. 다만, 부모님은 어린 아놀드가 밤늦게까지 깨어 있도록 허락하지 않았기 때문에 토요일 밤 생방송이 아니라 일요일 아침 재방송을 보며 아침을 먹곤 했다. 그때부터 축구는 아놀드에게 종교나 다름없었고, 집안에서든 밖에서든 형과 함께한 놀이는 언제나 축구였다. 집 건너편에는 라크힐 파크라는 공원이 있어서 아놀드는 형 타일러, 동생 마르셀과 함께 공원에 가서 친구들을 만나 어울려 놀았다. 흥미로운 사실은 같은 동네에 살던 아놀드의 동갑내기 친구들이 잉글랜드 소년답지 않게 축구를 그다지 좋아하지 않았다는 것이다. 그 덕분에 아놀드는 아주 어린 시절부터 자신보다 네 살이나 많았던 형의 친구들과 함께 축구를 하며 빠르게 실력을 키워갔다. 선수로서 꿈을 가져볼 첫 기회는 여섯 살이라는 어린 나이에 찾아왔다. 리버풀 구단이 지역 학교들에 아카데미 캠프 초청장을 돌렸는데, 항상 축구를 즐기던 아놀드는 당연하게도 참가를 신청했다. 그러나 초청장의 숫자는 제한돼 있었고 참가를 원하는 아이들은 너무 많았다. 누가 캠프에 참가할지는 축구 실력이 아닌 오직 운으로 결정됐는데, 이때 운명은 아놀드를 외면하지 않았다. 추첨에서 아놀드의 이름이 적힌 쪽지가 뽑힌 것이다. 축구를 향한 아놀드의 꿈은 이렇게 운명적으로 시작됐다. 처음으로 리버풀의 홈구장인 안필드에 방문한 것은 아놀드가 일곱 살 때인 2005년 4월이었다. 유벤투스와의 챔피언스리그 8강 1차전 홈 경기였는데, 당시는 헤이젤

참사의 20주기가 되는 시점이었다. 헤이젤 참사는 1985년 리버풀과 유벤투스의 유러피언 컵(현 챔피언스리그) 결승전을 앞두고 벌어진 비극으로, 두 팀의 팬들이 물리적으로 충돌한 가운데 노후화된 경기장 탓에 콘크리트 벽이 무너지는 사고가 일어나 39명이 사망하고 600여 명이 다친 사건이다. 어두운 역사를 뒤로하고 참사 20주기에 만난 리버풀과 유벤투스는 뜨거운 분위기 속에 선의의 경쟁을 펼쳤고, 유벤투스가 더욱 화려한 선수들을 보유하고 있었음에도 리버풀이 사미 히피아의 선제골과 루이스 가르시아의 마법과 같은 하프 발리 득점으로 2-1 승리를 거뒀다. 리버풀은 2004-05 시즌 당시 챔피언스리그 우승까지 차지하는 성과를 이뤘고, 이를 지켜본 아놀드가 리버풀에서 활약하는 프로 선수가 되고 싶다는 꿈을 가지게 된 것은 당연한 일이었다. 훗날 아놀드는 "경기장에 들어서는 순간부터 리버풀 선수가 되고 싶다는 생각이 들었습니다. 어떻게든 해내겠다는 생각만 했지 안 될 거라고 생각해본 적은 한 번도 없어요."라고 당시를 회상했다. 아카데미 캠프에서 일찌감치 두각을 나타내자 리버풀의 스카우트들이 본격적으로 아놀드에게 관심을 보이기 시작했고, 곧 주 3회 훈련을 받으며 일요 리그에 참가할 수 있느냐는 요청이 들어왔다. 여섯 살부터 여덟 살이 될 때까지 아놀드는 일요 리그에서 순수하게 축구를 즐기며 승리의 기쁨과 패배의 좌절을 오롯이 경험할 수 있었다. 경쟁심이 강했던 아놀드는 훈련을 다소 지루하게 느낀 반면 실전 경기는 무척이나 좋아했다. 아놀드를 발굴한 스카우트 이언 베리건은 아이들이 즐겁게 축구를 익히는 것을 가장 중요하게 생각했기 때문에 딱딱한 방식으로 지도하기보다는 실내 경기장에서 5대5나 3대3 시합을 통해 실력을 갈고닦을 수 있도록 했고, 이는 아놀드의 성장에 긍정적인 효과를 낳았다. 베리건은 "어린 아이들을 관찰할 때는 경기장을 빠르게 누빌 수 있는 운동 능력을 보는 게 우선입니다. 축구 기술보다는 속력이 중요해요. 결국 리버풀 1군까지 가려면 올림픽 종목을 소화할 수 있을 정도의 신체 능력을 갖춰야 하기 때문입니다. 축구 선수로서 성장할 시간은 10년이나 있잖아요. 시작 단계부터 반드시 유려한 볼 터치와 움직임을 보여줄 필요는 없습니다. 하지만 승부욕만큼은 대단해야 하죠. 아놀드는 경기에서 자기가 얼마나 활약했는지를 정말 중요하게 생각했고, 작은 놀이에서라도 지게 되면 화를 참지 못했습니다. 그래도 경기장 밖에서는 아주 착한 아이였어요."라고 아놀드의 어린 시절을 회상했다. 훗날 아놀드는 UEFA 챔피언스리그 결승 당시 베리건과 그의 가족들이 직접 경기장을 방문할 수 있도록 항공료와 숙박 비용을 모두 지불하기도 했으며, 베리건의 아이들 생일 파티에도 모습을 드러내는 등 선수로서 성공을 거둔 이후까지도 돈독한 관계를 이어갔다. 아놀드가 축구에 집중할 수 있었던 데는 베리건 스카우트의 도움도 있었지만, 가족들의 헌신도 무척이나 컸다. 당시 아놀드의 아버지는 런던에서 지내며 일을 하고 있었기 때문에 축구와 사랑에 빠진 삼형제의 육아를 어머니 홀로 담당할 수밖에 없었다. 형인 타일러도 선수가 되겠다는 꿈을 갖고 있던 건 마찬가지였지만, 어머니 혼자 두 형제의 훈련 일정을 모두 따라다니며 챙기는 것은 현실적으로 불가능했다. 트렌트의 재능과 성공 가능성이 더 크다는 것이 명백해지자 형은 자신의 꿈을 희생하고 트렌트의 훈련을 지켜보면서 조언을 해주는 역할을 맡게 됐는데, 축구를 사랑하는 10대 소년에게 이는 결코 쉽지 않았을 일이다. 자기보다 동생을 우선했던 타일러는 지금까지도 트렌트의 대리인으로

함께 일하고 있다. 물론 그 누구보다 많은 희생과 노력을 해온 사람은 아놀드 본인이다. 어린 시절부터 아무리 뛰어난 재능을 보여줬다고 해도, 프로 선수로서 생계를 꾸릴 수 있을 정도로 성공할 가능성은 지극히 희박한 것이 현실이다. 부모님 또한 이러한 현실을 잘 알고 있었기 때문에 아놀드가 학업에 소홀하도록 놔두지 않았다. 본격적인 훈련을 위해 전학을 선택한 이후 아놀드는 두 시간 거리를 통학하면서 학업과 축구를 병행했고, 심지어는 잉글랜드 16세 이하 청소년 대표팀에 차출돼 벨기에까지 가 있는 상황에서도 중등 교육 자격시험을 통과하는 성의를 보였다. 이렇게 고된 과정을 모두 이겨낼 수 있었던 건 자신의 재능에 충분한 노력만 더하면 분명히 리버풀의 유니폼을 입고 경기장을 누비며 축구 선수로서 성공할 수 있다는 굳건한 믿음 덕분이었다. 그리고 축구는 아놀드가 가장 좋아하는 일이기 때문에 자신의 노력과 헌신을 큰 희생이라고 생각하지 않는 면도 있었다. 프로 선수가 되기 전까지 아놀드는 콘서트 한번 가본 적이 없었지만, 축구를 위해서 그 정도의 경험을 포기하는 것은 대수롭지 않았다. 축구와 학업의 균형 잡힌 성장을 이루면서 아놀드는 순조롭게 프로 선수를 향한 발걸음을 이어갔다. 2014-15 시즌에는 리버풀 16세 이하 팀의 주장을 맡았고, 곧이어 18세 이하 팀에도 발탁될 정도로 빠르게 발전했다. 첫인상은 수줍어 보이는 깡마른 소년이었지만 경기장을 누빌 때는 누구보다 빨랐으며, 시야도 넓어 창의적인 패스를 정확하게 뿌릴 줄도 아는 필드 위의 사령탑이었다. 이러한 장점을 극대화할 수 있는 포지션은 중앙 미드필더였는데, 아놀드는 어린 시절부터 '리버풀의 심장' 스티븐 제라드를 우상으로 생각해 왔기에 그와 같은 포지션을 선택한 것은 어찌 보면 당연한 일이었다. 그러나 아놀드는 1년이라도 더 빨리 1군에 진입하기 위해서 라이트백 역할 또한 준비하며 스스로를 다재다능한 선수로 단련했다. 이미 유소년팀에서 가장 뛰어난 선수였음에도 새로운 포지션을 익히는 과정에서 일대일 수비 훈련에 매진하고, 몸싸움 능력을 키우기 위해 개인 운동을 실시하는 등 한시도 게으른 모습을 보이는 법이 없었다. 16세가 되던 2015년 여름에 마침내 1군에서 뛸 기회가 찾아왔다. 당시 리버풀을 지휘하던 브렌던 로저스 감독이 스윈던 타운과의 프리 시즌 평가전에서 아놀드에게 출전 기회를 준 것이다. 당시 18세 이하 팀 코치였던 알렉스 잉글소프가 로저스 감독에게 아놀드를 기용해 볼 것을 강력하게 추천했고, 아놀드는 아직 익숙하지 않았던 포지션인 라이트백을 맡아 60분가량을 무난하게 소화했는데 이는 아놀드가 라이트백으로 실전을 소화한 서너 번째 경기에 불과했다. 이 경기는 아놀드로 하여금 1군에 가장 빠르게 진입할 수 있는 길이 미드필더가 아닌 라이트백 포지션이라는 확신을 심어줬다. 아놀드는 곧이어 칠레에서 열린 17세 이하 월드컵에도 잉글랜드 대표로 참가할 수 있었다. 당시 아놀드는 "17세 이하 월드컵에 참가하는 게 얼마나 큰 기회인지 감조차 오지 않는 것 같습니다. 저는 리버풀의 웨스트 더비 지역 출신인데, 저희 동네에서 월드컵 무대를 밟았던 사람은 없거든요. 계속해서 열심히 노력할 겁니다. 월드컵은 믿을 수 없는 경험이 될 거예요."라는 소감을 밝혔다. 비록 한 경기 출전에 그쳤고 잉글랜드도 조별 라운드 탈락이라는 아쉬운 결과를 받아들였지만, 조국을 대표해서 월드컵에 참가했다는 사실은 아놀드에게 귀중한 경험이 됐다 (당시 잉글랜드를 2무 1패, 조 3위로 탈락시킨 팀은 2승 1무의 대한민국과 2승 1패의 브라질이었다. 아놀드는 브라질에 0-1로 패한 경기에만 출전했다). 또한, 당시 칠레는 대회 개막을 한 달가량 남겨두고 대지진과 쓰나미로 엄청난 피해를 입은 상태였는데, 아놀드는 피해 현장을 직접 눈으로 목격한 뒤 축구를 할 수 있는 것만이 아니라 모든 일상이 얼마나 감사한 것인지를 깨달았다고 한다. 이후 주위의 축구 유망주들이 프로 선수가 되겠다는 꿈이 좌절된 이후 방황의 늪에 빠지고 심지어는 스스로 생을 마감하는 비극적인 선택을 하는 경우로까지 이어지는 현실을 보면서 이들의 삶과 일상에 대해 깊은 관심을 갖게 됐고, 훗날 축구 이외의 분야에서 이들의 진로를 지원하는 '디 아카데미 애프터'라는 자선 단체를 설립하기도 한다.

DREAM REALIZED

> 1군에서 꾸준하게 훈련하는
> 시즌을 보내게 될 줄은 솔직히 몰랐습니다.
> 기회는 한 번뿐이니 왔을 때
> 확실하게 잡기 위해 최대한 준비를 해야죠

- 트렌트 알렉산더-아놀드의 인터뷰 중

프로 계약의 꿈을 이루다

17세 이하 월드컵 참가를 기다리던 아놀드에게는 최고의 생일 선물이 기다리고 있었다. 리버풀 구단이 아놀드의 17세 생일인 2015년 10월 7일에 맞춰 생애 첫 프로 계약을 준비해 둔 것이다.

당시 리버풀을 지휘하던 브렌던 로저스 감독은 프리 시즌 평가전에서 아놀드의 활약상을 지켜본 뒤 "작년부터 아놀드에게 좋은 인상을 받아 계속 염두에 두고 있었습니다. 학생 신분으로 1군 연습 경기에 출전해 아주 잘했거든요. 마침내 기회를 줄 수 있어서 기쁩니다."라고 밝혀 계약의 배경을 짐작게 했다. 프로 선수가 됐다고 해서 곧바로 1군 데뷔의 기회가 찾아오지는 않았다. 아놀드는 18세 이하 팀에서 본격적으로 라이트백 포지션을 소화하며 기량을 쌓아갔다. 그 사이 리버풀은 안타깝게도 기복이 심한 모습을 보인 끝에 아놀드에게 성인 무대 첫 기회를 줬던 로저스 감독과 작별을 고하게 됐다. 그러나 이는 결과적으로 리버풀에나 아놀드에게나 전화위복이 됐다. 로저스의 후임으로 온 감독은 이제는 리버풀의 전설 중 하나가 된 위르겐 클롭이었기 때문이다. 클롭은 이전팀인 보루시아 도르트문트에서도 잠재력을 갖춘 유망주들에게 많은 기회를 주는 지도자로 유명했다. 17세의 마리오 괴체, 19세의 마츠 훔멜스, 마인츠 시절부터 함께한 네벤 수보티치, 20대 초반의 로베르트 레반도프스키와 일카이 귄도안 등을 발탁해 분데스리가 우승까지 차지하는 팀을 완성한 바 있다. 리버풀 또한 이러한 지도력을 높게 평가해 클롭을 선임한 것이었고, 그 최고 수혜자는 결과적으로 아놀드였다. 사실 아놀드가 클롭의 '황태자'가 된 것은 다소 아이러니하다.

클럽이 젊은 선수들을 많이 활용하는 이유는 강도 높은 전방 압박에 이어 빠르게 전개되는 역습 위주의 전술을 구사하기 때문인데, 아놀드는 사실 그러한 축구에 완벽히 어울리는 특징을 갖춘 선수는 아니기 때문이다. 그러나 아놀드가 가진 축구 지능, 시야와 킥이라는 장점이 너무나도 탁월했기에 클럽 감독이 이를 활용하기 위해 전술을 조정하면서까지 기회를 줬던 것이다. 훗날 아놀드가 수비력에 대한 지적을 받을 때마다 클럽 감독은 선수의 기량 부족 탓이 아닌 팀의 전술 구조 문제라며 적극적으로 변호하기도 했다. 클롭 감독이 본격적으로 자신의 팀을 꾸리기 시작한 2016-17 시즌을 앞둔 여름부터 아놀드에게도 성인 무대에서 뛸 기회가 찾아왔다.

프리 시즌 평가전에서 미드필더로 세 경기를 소화하고 난 뒤 허더즈필스와의 평가전에서부터 라이트백 역할을 맡기 시작했다. 이 경기들에서 보여준 활약에 만족한 클럽은 북미 투어 명단에 아놀드를 포함시켰고, 아놀드는 처음으로 1군에서 등번호 66번 유니폼을 받게 됐다. 아스널을 상대로 하는 프리미어리그 개막전 명단에도 포함됐으나, 아쉽게도 공식 대회 데뷔까지는 이뤄지지 못했다. 1군 훈련을 소화하기 시작한 아놀드는 "어린 시절부터 리버풀 팬이었기 때문에 TV로만 보던 선수들을 처음 만났을 때는 스타들을 보는 듯한 느낌이 드는 게 당연했습니다. 몇 년이나 활약하는 모습을 지켜보던 선수들과 매일 같이 함께 훈련하는 게 조금은 어색하고 현실감이 없기는 한데, 그런 기분 때문에 제 훈련과 경기 태도에 지장이 생겨서는 안 되죠. 계속해서 1군에 남아 있기 위해서는 빠르게 적응하고 집중력을 유지하며 전력을 다해야 합니다."라는 각오를 밝혔다. 우선은 21세 이하 팀에서 성인 무대의 실전 경험을 쌓는 게 중요했다.

아놀드는 프리미어리그 2군(23세 이하 선수들이 주로 뛰며 부상에서 회복한 1군 선수들도 경기 감각을 끌어올리기 위해 출전한다)에서 다섯 경기 풀타임을 소화하며 2골 2도움을 기록하는 인상적인 활약을 펼쳤고, 리버풀은 4승 1무의 성적을 거뒀다. 클롭 감독이 더는 아놀드의 기용을 망설일 이유가 없었다. 마침내 1군 데뷔 기회가 찾아왔다. 토트넘과의 리그컵 4라운드 맞대결, 안필드에서 열리는 홈 경기였다. 아놀드는 "유망주 입장에서는 계속해서 발전하는 게 가장 중요한데, 컵 대회 경기들에서 출전 시간을 받을 수 있으면 정말 감사한 일입니다. 클롭 감독님은 저를 믿어주며 발전을 도와주셨고, 이제는 출전 기회까지 주신 것에 감사합니다. 이런 기회를 받을 자격이 있다는 걸 증명하기 위해 노력하겠습니다."라고 밝혔다. 클롭은 경기 전에 긴장하고 있을 어린 선수들을 따로 챙기며 자신감을 불어넣어 줬고, 아놀드에게도 충분히 준비가 됐으니 기회를 주는 것이라고 강조했다. 그리고 아놀드의 공식 경기 프로 데뷔전은 2-1 승리라는 성공적인 결과로 막을 내렸다. 아놀드는 선발로 출전해 68분을 소화한 뒤, 2-0으로 앞선 상황에서 기존의 주전 라이트백이던 나다니엘 클라인과 교체되어 나왔다. 그로부터 한 달가량 뒤에 열린 리그컵 8강전 리즈 유나이티드와의 맞대결은 아놀드의 이름을 잉글랜드 전역에 알리는 경기가 됐다. 두 팀이 0-0으로 승부의 균형을 이루고 있던 후반 31분, 아놀드는 특유의 날카로운 크로스로 디보크 오리기의 선제골이자 결승골에 도움을 기록하며 리버풀의 2-0 승리를 이끌었고, 풀타임을 소화한 끝에 경기 최우수 선수로 선정되는 기쁨을 안았다. 이러한 활약을 지켜본 제이미 캐러거는 칭찬을 아끼지 않았다. 캐러거 또한 리버풀 유소년팀에서부터 성장해 챔피언스리그 우승까지 경험한 구단의 레전드 수비수로, 현역 은퇴 이후에는 방송 프로그램에서 인기 패널로 활약하고 있다.

캐러거는 "클롭 감독이 왜 라이트백 포지션에 클라인 한 명만 데리고 시즌을 치르고 있는지 알 것 같습니다. 아놀드가 지난 토트넘전과 이번 리즈전에서 보여준 활약이 그 이유입니다. 이제 18살에 불과한 선수인데 4년 후에는 어떻게 성장할지 상상도 안 되네요. 어린 선수라 빨라 보이고, 몸싸움 능력은 이제부터 키워갈 겁니다. 경쟁자인 클라인이 잉글랜드 국가대표이기 때문에 아놀드로서는 갈 길이 멀지만, 리버풀 정도의 구단이 18세 선수를 백업으로 활용한다는 건 클롭 감독이 그만큼 아놀드를 신뢰하고 있는 거죠."라며 아놀드의 잠재력에 기대를 나타냈다. 데뷔 시즌 아놀드의 가장 큰 기회는 바로 전통의 라이벌 맨체스터 유나이티드(맨유)를 상대하는 프리미어리그 맞대결이었다. 비록 클라인이 부상으로 출전이 어려운 상황이었지만, 적대적인 분위기에서 치를 원정 경기였기 때문에 18세에 불과하던 아놀드에게 출전 기회가 돌아가리라고 생각한 사람은 많지 않았다. 그러나 클롭 감독은 킥오프를 두 시간 앞두고 아놀드에게 선발 출전을 통보했다. 당시 아놀드가 상대해야 하는 맨유의 왼쪽 측면 공격수는 '제2의 앙리'라 불리며 프랑스 최고의 유망주로 주가를 높이던 앙토니 마시알이었다. 비록 이 경기에서 아놀드는 강력한 킥을 활용하는 자신의 재능을 마음껏 보여주지는 못했지만, 경기 내내 마시알을 확실하게 묶어놓는 활약을 펼쳤다. 아놀드가 태클 성공 3회, 가로채기 2회, 클리어링 8회를 기록하는 성실한 수비를 펼치는 사이 마시알은 별다른 활약 없이 후반 20분 만에 교체되어 나갔다. 리버풀은 전반에 나온 제임스 밀너의 페널티킥 선제골로

INVERTED FULL-BACK

앞서가다가 후반 39분 즐라탄 이브라히모비치에게 동점골을 허용하며 1-1 무승부를 기록했다. 아놀드는 "준수한 활약을 했다고 생각해요. 원하는 만큼 공격에 가담하진 못했지만 수비는 안정적이었죠. 맨유 같은 강팀을 상대하는 경기이기 때문에 쉽지 않은 상황이 있을 거라 예상했고, 공격에 가담하기보다는 최대한 견고하게 수비를 펼치는 데 집중했습니다. 오랫동안 기억에 남을 경기예요."라며 자신의 프리미어리그 첫 선발 출전에 만족감을 나타냈다. 클롭 감독 또한 "마시알과 같은 선수를 갑자기 상대하게 됐는데도 뛰어난 활약을 펼쳤습니다. 대단한 소년이에요. 아놀드에게 실력을 보여줄 기회를 주고 성장을 도울 수 있어 기쁩니다. 클라인이 뛸 수 없는 상황이라도 라이트백 포지션은 걱정 없을 것 같습니다."라고 아놀드의 활약을 칭찬했다. 토트넘, 리즈, 맨유를 상대한 세 경기의 활약이 아놀드의 2016-17 데뷔 시즌 하이라이트였다. 아놀드는 공식 대회 12경기에 출전했으나, 프리미어리그에서는 맨유전을 제외하면 아주 짧은 시간만을 소화한 경우가 많았다. 공격 포인트 또한 리즈전의 도움이 유일했다. 그러나 18세의 어린 소년이 맨유 원정에서 프리미어리그 첫 선발 경기를 치렀다는 사실 자체만으로 그 재능의 크기를 짐작할 수 있었다. 잉글랜드 언론들도 아놀드가 제한된 기회 안에서 충분한 잠재력과 나이에 걸맞지 않은 성숙한 플레이를 보여줬다고 칭찬했고, 큰 부상만 없다면 2년 안으로 1군에서 확실하게 자리를 잡을 수 있다고 예상했다. 그리고 그 예상은 빗나가지 않았다. "1군에서 꾸준하게 훈련하는 시즌을 보내게 될 줄은 솔직히 몰랐습니다. 기회는 한 번뿐이니 왔을 때 확실하게 잡기 위해 최대한 준비를 해야죠. 오래전부터 유소년팀에서 뛰었던 선수로서 기다림이 다른 선수들보다는 조금 더 길었기 때문에 1군 데뷔는 의미가 컸습니다. 리버풀 구단의 역사를 잘 아는 입장에서 1군 선수가 되는 데 엄청난 노력이 필요하다는 건 알고 있지만, 저 혼자의 노력만으로 되는 일이 아니라 가족들과 주변 분들의 지원도 필요했습니다. 마침내 리버풀의 1군이 되어 주변 분들께 자부심을 주게 되어 기분이 좋네요. 다음 시즌에는 팀에서 더 많은 역할을 하고 싶고, 궁극적으로는 리버풀의 주장이 되어 성공을 거두는 게 꿈입니다. 제라드가 주장 완장을 차고 경기장에 들어서는 모습이 늘 인상적이었기 때문에 저도 그렇게 되고 싶습니다."

2016-17 리버풀 시즌 기록

프리미어리그 7경기 중
선발 2경기 출전

FA컵 2경기
선발 출전

리그컵 3경기
선발 출전 1도움

**리버풀 구단
올해의 유망주로 선정**

COLUMN

TOP 10 FULLBACKS OF THE 21ST CENTURY

트렌트 알렉산더-아놀드는 풀백 최초의 발롱도르 수상에 도전하겠다는 포부를 밝혔다. 그에 앞서 길을 개척한 21세기 최고의 풀백 10명을 프로 데뷔 연도가 빠른 순으로 살펴보겠다. 각자가 풀백으로서 가진 다양한 장점을 확인하는 동시에 성공을 이루는 과정에서의 공통점 또한 찾아볼 수 있다.

21세기 들어 축구계에서 가장 화려한 선수 경력을 보낸 선수를 떠올릴 때 리자라쥐를 먼저 언급하는 사람은 아마도 없을 것이다. 그러나 리자라쥐는 놀라운 공격력과 완벽에 가까운 수비력을 동시에 갖춘 레프트백으로서 바이에른 뮌헨의 성공 시대를 이끌고 유럽과 세계 무대까지 제패하며 누구보다도 많은 우승을 차지해 온 선수다. 프리미어리그 역대 최고의 감독으로 꼽히는 맨유의 알렉스 퍼거슨 감독마저도 영입을 원했지만 바이에른은 끝내 그를 내주지 않았고, 훗날 명예의 전당에 등록되었다. 프랑스 남서부의 바스크 지역에서 태어나고 자란 리자라쥐는 어린 시절부터 여러 스포츠를 섭렵하며 뛰어난 운동 신경을 자랑했다. 특히나 축구와 테니스에서 재능을 보였는데, 가족 모두가 서핑, 스키까지 즐길 정도로 어린 시절부터 스포츠는 리자라쥐의 삶에 자연스럽게 자리하고 있었다. 여덟 살 때부터는 본격적으로 축구를 선택해 지역 유소년팀에 입단했고, 재능을 인정받아 15살의 나이에 명문 지롱댕 보르도 유소년 팀으로 이적하게 됐다. 그러나 또래에 비해 체격이 작던 리자라쥐에게 보르도 생활은 순탄치 않았고, 코치들로부터 프로 선수가 되기는 힘들 거라는 혹독한 평가도 받았다. 그렇게 힘든 몇 년을 보낸 이후 17살이 되어서야 신체가 완전히 성장하는 단계에 들어서면서 리자라쥐는 빠르게 수준을 높여 나갔다. 측면 공격수는 물론이고 최전방 공격수까지도 소화할 수 있는 드리블 돌파 실력과 득점 감각을 갖추고 있었지만, 빠르게 1군에 발탁되기 위해 감독의 요구에 따라 레프트백을 소화하기로 선택했다. 훗날 리자라쥐는 "골키퍼로라도 뛸 기회가 있었으면 뛰었을 것"이라며 프로 선수로서 성공하는 게 얼마나 간절했는지를 회상했다. 수비수로의 변신은 리자라쥐에게 축구를 보는 눈을 키워줬다. 경기 내내 언제 전진하고 후퇴할지 결단을 내려야 했기 때문에 자기 자신의 플레이만이 아니라 팀 전체의 움직임을 보게 됐고, 전술을 더 연구하는 계기가 됐다. 게다가 어린 시절부터 서핑과 스키를 즐긴 덕분인지 몸의 무게중심이 매우 낮고 순발력이 뛰어났기 때문에 상대에게 쉽사리 돌파를 허용하지 않았다. 당시만 하더라도 풀백의 역할은 공격 가담이 아닌 수비에 집중되어 있었다. 그러나 이러한 족쇄도 리자라쥐의 자유로운 성향을 완전히 구속할 수는 없었다. 기회가 생길 때마다 빠르게 공격에 가담했고 유소년 시절 보여줬던 뛰어난 골 결정력으로 쏠쏠하게 득점을 올려 팀에 보탬이 됐다. 보르도 B팀에서 뛴 3년 동안 리그 43경기에서 10골을 터트린 것은 수비수라고는 믿기 어려운 기록이었다. 리자라쥐는 A팀에서도 좋은 활약을 이어갔지만, 보르도는 성적이 아닌 구단 재정 문제로 징계를 받게 되면서 1990-91 시즌을 끝으로 2부 리그 강등을 당하게 됐다. 리자라쥐는 이미 기량을 입증한 상태였기 때문에 이적이 유력해 보였지만, 자신에게 프로 데뷔를 선사한 구단과의 의리를 지켜 잔류를 선택한 뒤 곧바로 2부 리그 우승을 차지하며 1년 만의 승격을 이끌었다. 훗날 리자라쥐는 "2부 리그에서 차지한 우승도 제가 이후 차지했던 스무 개가 넘는 우승 트로피만큼이나 중요합니다. 당시의 우승으로 보르도 구단과 저 사이에는 진정한 유대감이 형성됐죠."라고 회상했다. 이후 리자라쥐는 크리스토프 뒤가리, 지네딘 지단과 함께 보르도의 부활을 이끌며 1995-96 UEFA컵 결승에까지 올랐다. 아쉽게도 결승에서는 홈과 원정 모두에서 바이에른 뮌헨에 패하며 준우승에 그쳤지만, 이 대회로 인해 보르도의 특급 재능들은 다른 구단들의 뜨거운 관심을

받게 됐다. 뒤가리와 지단은 각각 이탈리아 세리에 A 명문 AC밀란과 유벤투스로 이적을 선택한 반면 리자라쥐는 자신에게 익숙한 바스크 지역, 프랑스와 국경을 맞대고 있는 스페인의 아틀레틱 빌바오로 이적하며 구단 역사상 첫 프랑스인 선수가 됐다. 자신의 출신에 대한 자부심을 바탕으로 '바스크 순혈주의'를 유지하던 빌바오를 선택한 리자라쥐였지만, 이 선택은 불운하게도 철저한 실패로 끝이 나고 말았다. 빌바오 입단 이후 부상으로 제 기량을 보여주지도 못했을뿐더러, 감독과 불화까지 생기면서 원하는 플레이를 할 수도 없었다. 결국 입단 1년 만에 다시 이적을 감행하게 됐고, 행선지는 리자라쥐의 인생 첫 주요 대회 결승전에서 패배의 아픔을 안겼던 독일의 거함 바이에른 뮌헨이었다. 뮌헨으로의 이적은 신의 한 수가 됐다. 화려한 스타 동료들이 주목을 받는 동안 리자라쥐는 조용하게 축구에 집중하며 한결같이 자신의 몫을 해냈다. 당시 분데스리가에 공격적인 풀백이 흔치 않았는데, 리자라쥐는 적극적인 오버래핑과 날카로운 크로스로 공격에 기여하는 동시에 정확한 예측 능력과 강력한 태클로 상대의 뛰어난 측면 공격수들을 막아냈다. 팀에서 맡기는 역할이 풀백이든 윙백이든 완벽하게 소화하면서 침착한 움직임과 정확한 포지셔닝, 패스로 경기의 주도권을 유지했다. 체력도 뛰어나 경기 내내 상대를 압박했고, 작은 키에도 공중 경합에서마저 밀리지 않는 모습을 보였다. 그 결과 입단 첫 해부터 우승 트로피가 끊이질 않았고, 2000-01 시즌에는 분데스리가에서 우승한 것은 물론 유럽 최고 대회인 챔피언스리그에서도 정상에 올랐다. 결승전은 1-1 무승부 이후 승부차기까지 이어졌는데, 각 팀에서 다섯 명의 키커가 승부차기에 임한 이후 3-3이던 상황에서 리자라쥐는 여섯 번째 키커로 나서 침착하게 골을 넣으며 우승에 기여했다. 리자라쥐는 뮌헨을 떠나던 2006년 여름까지도 분데스리가와 DFB 포칼 더블 우승을 차지하며 완벽한 작별을 해냈다. 프랑스 국가대표로서도 리자라쥐의 경력은 화려했다. A매치 97경기에 출전했을 정도로 선수 생활 내내 꾸준하게 부름을 받았고, 고국에서 열린 1998 월드컵과 네덜란드-벨기에가 공동 개최한 유로 2000에서 연달아 우승을 차지하며 '아트 사커'로 불리던 프랑스 대표팀의 전성기에 든든한 수비진의 일원으로 활약했다. 특히나 1998 월드컵에서는 대회 내내 단 두 골만을 내주는 전설적인 수비력을 과시하기도 했다. 바이에른 뮌헨팀 선배이자 훗날 구단 CEO로 취임한 칼-하인츠 루메니게는 "리자라쥐는 오른쪽 풀백인 윌리 사뇰과 함께 풀백 포지션의 개척자에 가까웠어요. 강력한 정신력과 공격적인 플레이 스타일로 측면에서 핵심적인 역할을 해냈습니다."라고 리자라쥐의 활약을 칭찬했고, 뮌헨과 독일을 대표하는 미드필더 미하엘 발락은 "리자라쥐는 수많은 우승 경력에도 늘 겸손한 태도를 유지했습니다. 스타처럼 행동한 적은 한 번도 없었죠."라며 리자라쥐의 프로다운 모습에 박수를 보냈다. 리자라쥐는 공수 모두에서 교과서적인 활약을 펼치며 수많은 후배 풀백에게 롤모델이 될 만한 플레이를 보여줬고, 화려한 우승 경력 이후 2006년 여름 정상의 자리에서 현역 은퇴를 선언하며 전설로 남았다. "뮌헨에서 축구는 나의 인생 그 자체였다."라는 발언은 리자라쥐가 얼마나 프로다운 선수였는지를 보여준다.

카푸는 브라질이 월드컵 우승을 차지하던 1970년 출생했다. 상파울루의 가장 가난한 지역 중 하나에서 태어났기에 어린 시절부터 쉬운 일은 하나도 없었지만, 이러한 성장 과정은 카푸에게 어떠한 상황에서도 포기하지 않는 끈기를 키우게 했다. 어려운 환경에서도 축구 선수로서의 꿈을 키웠으나 일찍부터 재능을 인정받은 것은 아니어서 여러 명문 구단으로부터 거절을 당한 끝에 다소 늦은 나이인 18살이 되어서야 고향인 상 파울루의 유소년팀에 입단할 수 있었다. 풋살을 2년 동안 해온 덕분에 개인기가 뛰어난 측면 미드필더로 활약했고, 브라질의 전설적인 윙어 '카푸링가'를 따라 카푸라는 이름을 사용하게 됐다. 상파울루 입단은 카푸에게 최고의 행운이었다. 1990년대 초반 상파울루의 전성기를 이끈 명장 텔레 산타나를 만나 집중적인 지도를 받으며 폭발적인 성장을 이룰 수 있었기 때문이다. 산타나는 브라질 대표팀을 이끌고 1982 월드컵에도 참가했는데, 당시 우승을 차지하지는 못했으나 1차 조별 리그와 2차 조별 리그 다섯 경기를 합해 15골을 득점하는 화끈한 공격 축구를 펼쳐 지도력을 인정받았다. 산타나 감독은 상파울루의 주전 라이트백인 제 테오도로가 부상을 당하자 카푸의 포지션을 오른쪽 미드필더에서 풀백으로 바꿔 기용하기 시작했다. 수비적인 부분은 차차 배워도 되니 측면 공격에 또 하나의 무기를 더해달라는 요구였다. 이 때문에 카푸는 한동안 어려움을 겪기도 했으나, 결국에는 새로운 포지션에 적응하는 데 성공하며 스무 살의 나이로 브라질 대표팀의 부름까지 받게 됐다. 카푸는 "처음엔 풀백 역할이 싫었습니다. 크로스를 올리는 방식도 달라서 새로 배워야 했고 적응에 시간이 걸렸죠. 그렇지만 브라질 국가대표가 되고 나니 산타나 감독님이 옳았다는 걸 알게 됐습니다. 브라질을 위해 뛰는 건 제 꿈이었거든요."라고 당시를 회상했다. 폭발적인 스피드와 뛰어난 돌파 능력을 갖춘 '수비수' 카푸는 얼마 지나지 않아 브라질을 넘어 남미 무대를 휩쓸기 시작했다. 상파울루는 남미의 챔피언스리그인 코파 리베르타도레스에서 2년 연속 우승을 차지하고, 유럽 챔피언인 요한 크루이프가 이끌던 바르셀로나와 맞붙어서도 승리를 거두며 승승장구했다. 그 결과 1994년, 24살의 젊은 나이에 카푸는 풀백임에도 올해의 남미 선수상까지 수상하는 기쁨을 누렸다. 그리고 찾아온 1994 미국 월드컵, 카푸는 분데스리가에서 활약하던 조르지뉴의 백업 역할을 맡아 세 경기 교체 출전에 그쳤으나, 그중 한 경기가 바로 이탈리아와의 결승전이었다. 조르지뉴가 전반 20분 만에 부상으로 쓰러지자 곧바로 카푸가 투입됐고, 승부차기 끝에 브라질이 승리를 거두면서 카푸는 세계 정상에 오르는 선수 생활의 정점을 맞이했다. 이미 카푸는 수비면에서도 단점을 찾기 어려운 수준으로 성장했고, 월드컵을 마친 이후 첫 유럽 진출을 모색해 스페인의 레알 사라고사로 이적하게 됐다. 아쉽게도 사라고사 생활은 뜻대로 흘러가지 않았다. 부상 탓에 시즌의 거의 절반만을 소화한 끝에 1년 만에 브라질 무대로 복귀를 선택해야 했다. 고국에서 컨디션과 기량을 회복한 카푸는 곧바로 다시 유럽으로 향했고, 이번 행선지는 이탈리아 세리에 A의 AS 로마였다. 로마에는 카푸에게 처음으로 풀백 역할을 선사한 텔레 산타나보다 더 공격적인 감독이 기다리고 있었다. 핸드볼의 공격 전술에서 영향을 받은 극단적인 공격 축구를 구사하는 즈데넥 제만이 그 주인공이었다. 제만은 수비진을 거의 하프라인 근처까지 끌어올려 상대의 오프사이드를 유도하면서 끊임없이 빠른 공격과 지역 방어를 구사하는 감독이었고, 측면 공격수에게는 안쪽으로 좁혀 들어와 상대 페널티 지역을 공략하기를 주문하는 대신 측면 공략은 풀백들의 오버래핑에 의지했다. 이러한 전술은 카푸에게 전혀 위화감이 없었고, 덕분에 완벽하게 로마에 적응해 성공적인 유럽 생활을 시작할 수 있었다. 그러나 제만 감독의 전술은 득점이 많았던 만큼 실점도 많았기 때문에 리그 우승을 목표로 하던 로마의 눈높이에는 맞지 않았다.

결국 1998-99 시즌을 끝으로 제만과 결별한 로마는 '우승 청부사' 파비오 카펠로 감독에게 팀의 지휘봉을 넘겼다. 카펠로는 수비를 더 중요하게 생각하는 감독이었으나, 3백 시스템을 활용한 덕분에 카푸는 자연스럽게 윙백으로 보직을 변경한 뒤 이전과 거의 다름없는 플레이로 활약을 펼칠 수 있었다. 카푸가 공격에 가담하면서 생기는 공간은 오른쪽 센터백이 커버했고, 이미 노련함을 갖춘 카푸는 수비면에서도 수준 높은 플레이를 펼치며 팀이 필요할 때는 5백의 일원이 되어 견고함을 보여줬다. 카펠로 감독 부임 첫 시즌에는 전술적인 기반을 다지느라 원하는 성적을 내지 못했지만, 두 번째 해인 2000-01 시즌에는 가브리엘 바티스투타의 영입이 성공을 거두면서 초반부터 안정적인 선두를 유지한 끝에 시즌 내내 이어진 유벤투스의 추격을 뿌리치고 18년 만에 감격스러운 세리에 A 우승을 차지하는 데 성공했다. 카푸는 기회가 있을 때마다 빠르게 전진해 득점 기회를 만들며 바티스투타는 물론이고 프란체스코 토티, 빈첸조 몬텔라 등 공격진과 최고의 호흡을 선보였고, 이러한 활약에 이탈리아 언론은 카푸에게 고속 열차의 이름을 따 '펜돌리노'라는 별명을 선사했다. 훗날 카푸가 현역 은퇴를 발표했을 때 이탈리아 신문의 1면에는 '열차가 마침내 목적지에 도착했다'는 낭만적인 헤드라인이 실리기도 했다. 그리고 2002년 여름, 카푸는 브라질 대표팀의 주장 완장을 차고 역대 최고의 재능들을 이끌며 한일 월드컵에 참가한다. 브라질을 지휘하던 펠리페 스콜라리 감독이 로마와 마찬가지로 3백 시스템을 활용한 덕분에 카푸는 전 경기를 풀타임으로 소화하며 주장으로서

듬직하게 팀을 이끌었다. 호나우두, 호나우지뉴, 히바우두가 절정의 기량을 선보인 대회에서 브라질은 상대의 저항을 번번이 무너트리며 우승을 차지했고, 이로써 카푸는 축구 역사상 최초로 월드컵 결승전에 3회 연속 출전한 선수로 이름을 올렸다. 30대에 접어들고 선수로서 최고의 성취를 모두 이뤄낸 상태에서 자유 계약 신분이 되어 있던 카푸에게 일본 J리그의 요코하마 마리노스가 손을 내밀었다. 이미 둥가를 비롯한 몇몇 브라질 동료들이 일본 무대를 경험했기 때문에 카푸로서도 상대적으로 편안하게 선수 생활을 마무리하기에 나쁘지 않은 선택으로 보였다. 요코하마가 사전 계약금까지 제시해 최종 합의를 앞둔 순간, 또 한 팀이 카푸에게 입단을 제의했다. 이탈리아 세리에 A의 또 다른 명문 AC 밀란이었다. 선수로서 모든 것을 이뤘다고 생각한 카푸지만 챔피언스리그에서 우승하지 못한 것이 유일한 아쉬움으로 남아 있었는데, 밀란은 그 아쉬움을 채워줄 수 있는 팀이었다. 이에 카푸는 결단을 내리고 요코하마 대신 밀란을 선택해 마지막 도전에 나섰다. 카를로 안첼로티 감독이 지휘하던 밀란은 4-3-2-1의 소위 '크리스마스트리' 포메이션을 활용하는 팀이었고, 전문 측면 공격수 대신 풀백에게 측면 공격의 기회를 줬기 때문에 카푸의 적응에는 어려움이 없었다. 게다가 수비진에는 이탈리아 역대 최고의 센터백들로 꼽히는 파올로 말디니와 알레산드로 네스타가 있었기 때문에 수비 부담 또한 걱정할 것이 없었다. 카푸는 33세의 나이에도 뛰어난 체력을 과시하며 노련한 기술과 상황 판단으로 변함없는 클래스를 유지했고, 2003-04 시즌 공식 대회 10도움을 올리는 건재함을 과시하며 밀란의 세리에 A 우승에 힘을 보탰다. 그리고 36세가 되어서도 브라질 대표팀의 주전으로 월드컵에 참가했으며, 2006-07 시즌에는 마침내 챔피언스리그 우승까지 차지하면서 본인의 선수 경력에서 원하던 모든 것을 이뤄냈다. A매치 142경기 출전은 지금까지도 브라질 대표팀의 최다 기록으로 남아 있다. 선수 생활 내내 보여준 성실한 태도와 동료들을 독려하는 리더십을 고려하면 카푸에게 '브라질의 영원한 캡틴'이라는 칭호는 전혀 아깝지 않다.

> 리버풀 선수라면 누구나
> 안필드의 조명 아래 팬들 앞에서 골을
> 터트리는 순간을 꿈꿀 겁니다.
> 특히나 크로스바를 맞고
> 들어간 골이라 더 특별하네요.

- 안필드에서의 승리 후 첫 골의 소감 인터뷰 중

유망주를 넘어 리버풀의 일원으로

MEMBER OF LIVERPOOL

성인 무대에 1년간 몸담으며 잠재력을 인정받은 아놀드에게 꾸준히 실전 경험을 쌓으며 성장하는 것이 중요한 시기가 다가왔다. 리버풀과 같은 프리미어리그 상위 팀은 보통 유망주를 하위권 팀이나 2부 리그인 챔피언십 팀으로 임대를 보내 한 시즌 내내 정기적으로 경기를 소화하게 해서 성장을 기대하는 것이 일반적이지만, 아놀드의 경우는 클럽 감독으로부터 '다이아몬드 원석 같다'라는 찬사를 받으며 리버풀에 남아 출전 기회를 기다리게 됐다. 그런데 프리 시즌 평가전 첫 경기에서부터 예기치 못한 상황이 발생했다. 주전 라이트백 나다니엘 클라인이 트랜미어를 상대로 45분만을 소화한 뒤 더는 뛰지 못했고, 등 부상을 치료하기 위해 수술을 받으며 복귀까지 최소 몇 개월 이상이 필요해진 것이었다. 챔피언스리그까지 병행해야 했기에 험난한 시즌을 앞둔 리버풀 입장에서는 대체자 영입까지도 고려할 수 있었지만, 이미 모하메드 살라의 영입에 자금을 투자한 이후였고 중원에도 보강이 필요했기에 라이트백 추가 영입은 쉽지 않았다.

리버풀의 고민을 해결해 준 것이 바로 18세의 아놀드였다. 리버풀은 챔피언스리그 본선으로 가는 길목인 플레이오프에서 까다로운 상대인 율리안 나겔스만 감독이 이끄는 호펜하임을 만나게 됐다. 1차전 원정 경기에서 전반 12분 만에 페널티킥을 허용했으나, 상대 공격수 안드레이 크라마리치가 찬 킥이 다소 가운데로 쏠리자 시몽 미뇰레 골키퍼가 이를 침착하게 막아내 위기를 넘겼다. 이후 전반 35분 찾아온 프리킥 기회. 골문으로부터 26미터 이상 떨어진 지점이었기에 직접 슈팅을 노리기에는 거리가 있었고, 호펜하임은 수비벽을 세우기는 했으나 슈팅을 차단하기보다는 오프사이드를 유도하려는 대형으로 리버풀의 공격 전개를 기다리고 있었다. 상대 골키퍼가 리버풀 공격수들의 침투 움직임을 의식해 왼쪽으로 치우쳐 있는 사이, 아놀드는 정확한 슈팅으로 수비 벽을 넘겨 골문 오른쪽 구석을 찔렀다. 상대 골키퍼는 움찔했을 뿐 다이빙조차 하지 못했고, 공은 그대로 골문 안으로 빨려 들어갔다. 아놀드의 리버풀 1군 무대 첫 득점은 자신의 강점을 가장 돋보이게 할 수 있는 프리킥이었다. 잉글랜드를 대표하는 축구 스타이자 '황금의 오른발'을 지녔다는 찬사를 받던 데이비드 베컴과의 비교가 당연할 정도의 장면이었다. 아놀드의 선제골에 힘입은 리버풀은 2-1 승리를 거뒀고, 2차전 홈 경기에서도 4-2로 승리하며 본선 진출을 이뤄냈다. 아놀드는 "어린 시절부터 응원하던 리버풀 소속으로 챔피언스리그에 데뷔하고, 데뷔전을 골로 기념하게 된 건 아주 특별한 느낌입니다. 처음부터 제가 프리킥을 차려던 건 아니었는데 동료들이 부추겨서 차게 됐죠.

INVERTED FULL-BACK

그래도 자신은 있었어요."라며 기쁨을 감추지 못했고, 클롭 감독 또한 "아놀드를 기용하는 이유는 어린 선수에게 일부러 기회를 주려는 게 아니라 단지 실력이 좋기 때문입니다. 모든 면에서 더 발전해야 하는 건 맞지만, 공격력은 보기 좋았습니다."라고 칭찬했다. 챔피언스리그에서의 출발은 좋았으나, 프리미어리그 무대는 결코 호락호락하지 않았다. 아놀드가 선발 출전한 프리미어리그 개막전 왓포드와의 맞대결에서는 3-3 무승부, 두 번째로 출전한 맨체스터 시티 원정에서는 사디오 마네가 퇴장당하는 가운데 0-5 참패라는 실망스러운 결과가 나왔다. 아놀드는 팀의 주축이 아니었기에 이러한 성적에 책임감을 느낄 필요까지는 없었지만, 팀 전체적으로 시즌 초반의 행보가 불안정한 것이 사실이었다. 이에 클롭 감독은 라이트백 자리에 센터백까지도 소화할 수 있는 수비력을 갖춘 조 고메스를 기용, 아놀드와 경쟁시키며 우선은 수비 안정을 꾀했다. 그 사이 아놀드는 챔피언스리그 무대에서 한 수 아래의 팀들을 상대로 출전 기회를 잡았다. NK 마리보르 원정에서는 두 번째 득점을 기록했는데, 비록 상대 수비 맞고 굴절돼서 들어간 행운의 골이기는 했어도 리버풀이 챔피언스리그 본선 원정 경기에서 8년 만에 거둔 승리에 힘을 보탠 기분 좋은 득점이었다. 홈 맞대결에서는 경기 내내 오른쪽 측면 공격에 가담해 위협적인 크로스를 시도한 끝에 모하메드 살라의 선제 결승 골에 도움을 기록했다. 아놀드는 성공적으로 클롭 감독의 축구에 적응하고 있었다. 그리고 2017년 12월 26일, 박싱데이에 열린 스완지 시티와의 프리미어리그 맞대결에서 아놀드는 마침내 리버풀의 홈구장 안필드에서 자신의 첫 골을 득점했다. 경기가 열리기 일주일 전부터 미국에 거주하는 아놀드의 친척들이 함께 크리스마스를 보내기 위해 리버풀을 방문한 참이었고, 아놀드의 어머니를 직접 만나 담소를 나누던 클롭 감독은 이 소식을 접하고는 "아놀드를 선발로 내보내라는 말씀이죠?"라는 농담을 건네기도 했는데, 실제로 선발 출전 기회라는 최고의 선물을 선사했다. 경기는 전반 6분 필리페 쿠티뉴가 선제골을 터트리며 순조로운 분위기로 시작됐고, 이어서 후반 7분 호베르투 피르미누의 추가 골까지 터지면서 안필드에는 이미 축제가 진행되고 있었다. 그러던 후반 20분, 레프트백 앤디 로버트슨이 올린 크로스를 상대 수비가 차단했으나 공은 멀리 가지 못한 채 페널티 지역 정면으로 흘러나왔다. 그 순간 아놀드는 상대 공격수 조던 아유를 제치고 들어가 공을 확보한 이후 바운드를 활용한 감각적인 슈팅을 시도했고, 공은 상대 수비 두 명 사이를 뚫고 크로스바를 맞은 뒤 골문 안으로 들어갔다.

홈 팬들을 향해 코너 플래그로 달려가 무릎 슬라이딩 세리머니를 펼친 아놀드의 표정에는 자부심이 가득했다. 아놀드는 "리버풀 선수라면 누구나 안필드의 조명 아래 팬들 앞에서 골을 터트리는 순간을 꿈꿀 겁니다. 특히나 크로스바를 맞고 들어간 골이라 더 특별하네요. 솔직히 득점 순간은 잘 기억이 나질 않습니다. 무릎으로 슬라이딩을 했던 건 기억이 나요. 세리머니 이후 우리 진영으로 돌아가면서부터 실감이 나기 시작했습니다. 호펜하임 원정에서 터트린 첫 골이 제게는 비교도 안 될 정도로 최고의 기억으로 남을 것 같았는데, 리버풀 팬들 앞에서 넣은 이번 득점이 훨씬 더 의미가 큽니다."라며 기쁨을 감추지 않았다. 아놀드의 활약은 기대 이상이었지만, 리버풀 코치진은 아직 10대 소년에 불과한 유망주의 성장을 위해 신체에 부담을 주지 않으려고 출전 기회를 관리해 왔다. 클롭의 전술은 강한 전방 압박과 높은 지점에서 시작되는 빠른 역습을 위주로 정신없이 상대를 몰아쳐 '헤비메탈 축구'라는 별명을 얻을 정도였기에 자칫 잘못하면 어린 선수는 무리하다가 부상당할 위험도 있었다.

INVERTED FULL-BACK

훗날에는 클럽 감독도 압박 강도를 낮추고 경기 상황에 맞게 템포를 조절하는 노련함을 갖췄지만, 2017-18 시즌은 가장 강도 높은 축구를 구사하던 시기 중 하나였다. 그렇지만 리버풀의 공수 균형이 안정되고 점점 더 공격력이 위력을 발휘하기 시작하면서 수비 안정을 위해 조 고메스에게 라이트백 포지션을 맡기는 것보다는 아놀드의 킥을 활용해 공격에 더욱 집중하는 편이 더 낫다는 결론에 이르렀다. 이에 아놀드는 2018년 2월부터 확실한 주전 라이트백으로 도약, 공식 대회에서 꾸준한 선발 출전 기회를 잡게 됐다. 리버풀은 프리미어리그 3위를 기록하며 목표로 했던 4위권 진입에 성공할 가능성이 충분한 상황이기도 했다. 아놀드가 선발로 출전하기 시작한 2월부터 리버풀은 프리미어리그 네 경기에서 토트넘, 사우샘프턴, 웨스트햄, 뉴캐슬을 상대로 3승 1무 10득점 3실점의 성적으로 순항하며 3위 자리를 유지했다. 그러던 3월 맨유 원정에서 시련이 찾아왔다. 아놀드는 아직 수비면에서 노련하지 못한 선수였고, 상대는 잉글랜드 최고의 유망주 중 하나로 꼽히던 스무 살의 마커스 래시포드였다. 래시포드는 당시 3개월째 리그 득점이 없는 상태였지만, 여전히 주제 무리뉴 맨유 감독의 신임과 기대를 받고 있었다. 특히나 왼쪽 측면에서 중앙으로 빠르게 치고 들어오며 강력한 슈팅을 구사할 수 있는 선수였기 때문에 아놀드로서는 막기가 쉽지 않은 상대였다.

전반 14분, 맨유의 다비드 데 헤아 골키퍼가 찬 골킥을 최전방 공격수 로멜루 루카쿠가 공중 경합에서 승리하며 헤딩 패스로 연결했고, 리버풀 수비 뒷공간으로 흐른 공을 가장 빠르게 쫓아간 선수가 바로 래시포드였다. 아놀드는 공중 경합 상황을 지켜보다가 자신의 바로 앞을 지나쳐 침투하는 래시포드를 놓치고 말았고, 래시포드는 빠르게 페널티 지역 안까지 들어가다가 순간적으로 멈추며 방향을 꺾었다. 뒤늦게 쫓아가던 아놀드가 래시포드를 그대로 지나치며 슈팅 공간을 허용하자 래시포드는 반대편 골대를 향해

정확한 슈팅으로 선제골을 터트렸다. 침투를 놓친 안이함, 다급한 수비로 슈팅 공간을 내준 실수가 겹친 탓에 실점의 원인이 되고 만 것이다. 아놀드의 경험 부족이 여실하게 드러난 장면이었다. 더 큰 문제는 그로부터 10분 만에 비슷한 장면이 반복됐다는 것이다. 또다시 데 헤아 골키퍼의 골킥을 루카쿠가 확보해서 전방으로 연결했고, 아놀드를 포함한 리버풀의 수비진 네 명 모두가 뒷공간으로 침투하던 후안 마타의 슈팅을 막기 위해 가운데로 몰려들었다. 센터백 버질 판 다이크가 마타의 슈팅을 저지하는 데는 성공했지만, 판 다이크를 맞고 나온 공은 하필 아놀드가 막아야 할 래시포드의 발 앞으로 떨어졌다. 아놀드가 마크를 놓쳐 공간이 열리자 래시포드는 그대로 슈팅을 시도해 또다시 리버풀의 골망을 흔들었다. 리버풀은 후반 21분 상대 수비수 에릭 바이의 자책골로 한 골을 만회했을 뿐, 결국 숙적과의 맞대결에서 1-2로 패하고 말았다. 이 패배로 리버풀은 3위 자리를 토트넘에 내주고, 5위 첼시에 4점 차로 추격을 허용하는 불안한 상황에 놓이게 됐다. 이 경기에 대해 아놀드는 "프로 데뷔 이후 제 맞대결 상대에게 가장 철저하게 당한 힘든 경기였습니다. 제가 래시포드를 얕봤던 것 같아요. 경험하고 싶지 않은 끔찍한 순간이었고 시즌 최악의 경기였지만, 동시에 배움이자 각성의 계기도 됐습니다. 또다시 그런 순간을 맞이하지 않기 위해서는 전력을 다해야만 합니다."라며 각오를 다졌다. 명예를 회복할 기회는 머지않아 찾아왔다. 4월 초에 열린 맨체스터 시티(맨시티)와의 챔피언스리그 8강 1차전. 아놀드는 시즌 내내 챔피언스리그 무대에서 좋은 활약을 펼쳐왔기 때문에 한 번의 부진으로 선발 명단에서 제외될 이유가 없었다. 맨유전 부진 이후로 수비 보완에 신경을 쓰고 있었지만, 맞대결 상대는 3월에 치른 다섯 경기에서 2골 1도움의 활약을 펼치던 르로이 사네였다. 게다가 세계 최고의 명장으로 꼽히는 맨시티의 펩 과르디올라 감독은 아놀드의 수비력을 리버풀의 약점으로 판단해 왼쪽 측면 공격에 힘을 실었다. 실제로 이 경기에서 맨시티의 공격 방향 중 왼쪽 측면이 49%에 달할 정도였다 (중앙 26%, 오른쪽 25%). 그러나 클롭 감독과 아놀드의 대응은 완벽했다. 아놀드에게 공격보다는 수비에 더 비중을 두라고 주문했고, 오른쪽 센터백 데얀 로브렌에게도 아놀드와 적절한 간격을 유지해 상대 공격보다 수적으로 열세에 놓이지 않도록 했다. 공격에서는 21번 미드필더 알렉스 옥슬레이드-체임벌린과 11번 측면 공격수 살라를 전진시켜 강하게 압박을 가하고 높은 지점에서부터 역습을 시작할 수 있도록 했다. 그리고 이러한 대응 전략은 완벽하게 적중했다.

INVERTED FULL-BACK

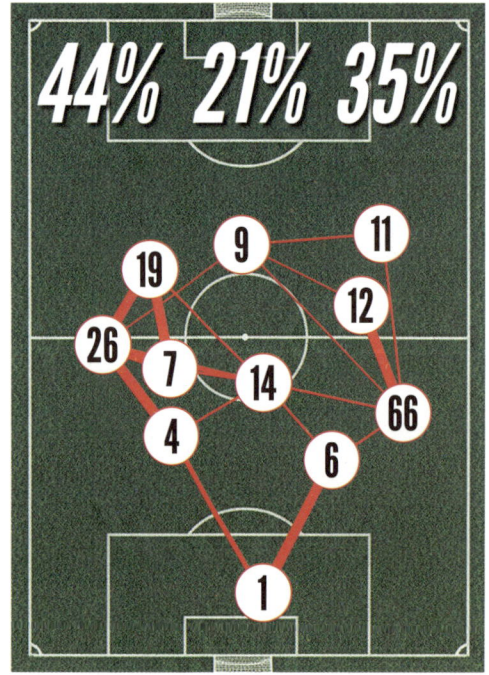 

<그림: 리버풀 v 맨시티 2017-18 챔피언스리그 8강 1차전 패스맵. 왼쪽이 리버풀 66번 아놀드 오른쪽이 맨시티 19번 사네>

아놀드는 사네를 철저하게 봉쇄하며 무실점에 기여했고, 사네는 유효슈팅 없이 슈팅 2회에 그쳤으며 기회 창출 또한 없었다. 살라와 옥슬레이드-체임벌린이 골을 터트리며 3-0 완승을 이끌었으나, 이 경기의 최우수 선수로 선정된 것은 바로 맨시티의 공격 전략을 무력화시킨 아놀드였다. 경기를 마친 뒤 아놀드는 "맨시티가 저를 리버풀의 약점이라고 생각한 것 같았습니다. 그 덕분에 저는 언더독 정신으로 경기에 임했고, 상대의 생각이 틀렸다는 걸 증명하려고 노력했어요. 제가 팀의 약점이 아니라는 걸 보여준 거죠. 상대 공격수와의 맞대결에서 승리해 팀의 승리에 보탬이 되고 싶었습니다. 맨시티 같은 강한 팀, 사네 같이 뛰어난 선수를 상대로 자신을 시험해 볼 기회는 오히려 기대가 되죠. 그 기회를 제대로 살리려고 했고, 제가 승리하는 모습을 모두에게 보여준 것 같습니다."라는 만족스러운 경기 소감을 밝혔다. 8강 2차전에서도 두 팀은 1차전과 비슷한 전략으로 맞붙었고, 맨시티는 세 골 차를 추격해야 하는 부담을 안고 있었기에 평소보다 공격적인 3-4-3 포메이션으로 경기에 임했다. 전반 2분 만에 가브리엘 제주스가 추격 골을 터트리긴 했으나, 수비에 무게중심을

실은 리버풀은 남은 시간을 잘 버티며 후반 들어 살라와 호베르투 피르미누의 골로 또다시 승리를 거두고 합산 스코어 5-1로 준결승에 진출했다. 아놀드가 8강 두 경기에서 보여준 활약에서는 10대 소년이라고는 믿기 어려울 정도의 성숙함이 엿보였다. 이어진 AS 로마와의 준결승전에서는 공격력도 보여줬다. 아놀드는 후방에서부터 정확한 패스를 공급해 살라가 상대의 왼쪽 측면을 파괴할 수 있도록 기점이 되는 역할을 했고, 리버풀은 1차전 홈 경기에서 살라가 2골 2도움을 올리는 기염을 토하면서 5-2 승리를 거둬 일찌감치 결승 진출을 예약했다. 2차전 원정 경기에서는 2-4로 패했으나, 전반을 2-1로 앞서서 마치고 합산 스코어를 세 골 차로 벌린 이후라서 후반 3실점은 단순한 방심에 가까웠다. 이후 리버풀은 프리미어리그에서 4위로 시즌을 마무리하며 다음 시즌 챔피언스리그 진출권을 확보했고, 아놀드는 라이트백만이 아닌 측면과 중앙 미드필더 역할까지 소화하면서 다재다능한 모습을 과시했다. 시즌의 마지막 경기는 바로 축구 역사상 최고의 클럽 팀으로 꼽히는 스페인의 명가, 레알 마드리드와의 챔피언스리그 결승전이었다. 아놀드는 이 경기에 선발

출전하게 되면서 그 자체로 리버풀 구단의 새로운 역사를 쓰게 됐다. 19세 231일의 나이로 챔피언스리그 (유로피언 컵 포함) 결승전에 출전한 구단 역사상 최연소 선수가 된 것이다. 채 스무 살도 되기 전에 축구 선수로서 설 수 있는 최고의 무대에 당당하게 이름을 올린 것이다. 이 경기에서 아놀드의 활약은 나쁘지 않았으나, 리버풀은 불운에 또 불운이 겹친 끝에 1-3으로 패해 준우승에 그치고 말았다. 로리스 카리우스 골키퍼가 두 차례나 결정적인 실책을 저질러 두 골을 헌납했고, 에이스인 살라는 부상으로 전반조차 다 마치지 못하고 교체되어 나가고 말았다. 아놀드는 위협적인 크로스로 살라에게 결정적인 득점 기회를 만들어주기도 했지만, 살라의 슈팅은 상대 골키퍼 티보 쿠르투아의 선방에 막혔다. 아놀드는 "챔피언스리그 결승전은 축구계에서 가장 높은 수준의 경기인데, 이런 경기에서도 편안하게 뛸 수 있었고, 3년 연속으로 우승을 차지한 레알 마드리드를 상대로도 활약할 수 있다는 걸 실감했습니다."라며 팀의 패배에도 오히려 자신감을 얻은 계기가 됐다고 밝혔다. 비록 우승의 꿈이 눈앞에서 좌절되기는 했어도 리버풀이 2017-18 시즌에 만들어낸 결과는 분명 기대 이상이었다. 아직 클롭 감독의 팀이 완성되기 전이었는데도 프리미어리그에서 4위권 진입이라는 목표를 달성했고, 챔피언스리그에서는 결승 진출 자체가 예상 밖의 성과였다. 아놀드 개인적으로도 유망주를 넘어 당당한 리버풀의 일원으로 발돋움하는 시즌이었는데, 프로 선수로서 시즌 내내 자기관리를 어떻게 해야 하는지를 빠르게 익힌 것이 가장 큰 소득이라고 할 수 있었다. 유망주 시절에는 보통 주말 경기만을 치르기 때문에 주중 내내 회복하고 컨디션을 끌어올릴 시간이 있지만, 네 개 대회를 소화하는 1군에서는 주중 경기도 잦기 때문에 언제 출전하더라도 자신의 기량을 충분히 발휘할 수 있도록 준비를 하는 게 중요했다. 리버풀 코치들은 아놀드에게 신체를 정밀한 기계처럼 철저하게 관리해야 한다고 조언했는데, 아놀드는 회복과 훈련만이 아니라 신체 컨디션에 영향을 주는 음식 섭취나 수면에도 신경을 써야 했다. 그 과정에서 구단의 영양사나 스포츠 사이언스 팀의 역할과 지원이 얼마나 중요한지도 깨닫게 되는 계기였다. 정신적으로는 유소년팀 출신 선수로서의 장점도 있었다. 어린 시절부터 아놀드의 성장을 지켜본 코치들이 23세 이하 팀과 1군에도 있었기 때문에 중요한 시점마다 아놀드에게 딱 맞는 조언을 해줄 수 있었다. 덕분에 아놀드는 자신의 경기력을 객관적인 시선으로 분석할 수 있었고, 조 고메스와 나다니엘 클라인이라는 경쟁자들이 있었던 덕분에 훈련에서도 늘 긴장을 늦추지 않고 전력을 다한 결과 라이트백 포지션에 완벽하게 적응을 마쳤다. 이제 아놀드는 리버풀의 확실한 무기가 될 수 있는 선수로 성장해 있었다. 이러한 성장에는 상상도 못 했던 부상이 기다리고 있었다. 리버풀이 챔피언스리그 결승전을 앞두고 스페인으로 전지훈련을 떠나기 전, 클럽 감독은 아놀드를 불러 시즌이 끝난 뒤 여름을 어떻게 보낼 계획인지를 물었다. 아놀드는 특별히 휴가 계획은 없다고 답했는데, 이에 대한 클럽의 반응은 "잘됐네. 잉글랜드 대표팀에 뽑혔거든."이었다. 아놀드는 2018 러시아 월드컵에 참가하는 잉글랜드 대표팀 23인 최종 명단에 최연소 선수로 이름을 올렸다. 이전까지 21세 이하 대표팀에서만 활약하고, 성인 대표팀에서는 훈련만 함께했던 아놀드였기에 월드컵 최종 명단 발탁은 깜짝 선물과 같았다. A매치 데뷔전의 기회는 월드컵을 앞두고 열린 코스타리카와의 평가전에서 찾아왔다. 경기 하루 전에는 윌리엄 왕자가 훈련장을 방문해 아놀드에게 직접 국가대표 유니폼을 건네고 월드컵 참가를 축하해주기도 했다. 당시 잉글랜드 대표팀을 지휘하던 가레스 사우스게이트 감독은 "아놀드는 월드컵 본선 경기에서도 선발로 출전할 수 있는 선수이기 때문에 최종 명단에 선발한 겁니다. 선발 투입을 망설일 정도의 선수라면 대표팀에 소집하지 않았을 겁니다. 아놀드는 자신만의 장점이 있고, 이번 시즌 최고의 활약을 펼쳤습니다. 대표팀에도 잘 적응하고 있는 모습이 보기 좋아요. A매치 첫 출전은 선수 개인에게 중요한 순간이고, 아놀드에게는 충분한 자격이 있습니다."라고 강조했다. 아놀드는 코스타리카를 상대로 선발 출전해 준수한 활약을 펼치며 잉글랜드의 2-0 승리에 기여했으나, 월드컵 본선에서는 노련한 라이트백인 키어런 트리피어의 벽을 넘어서지 못했다. 사우스게이트 감독이 3-5-2 포메이션을 활용한 탓에 아놀드는 풀백이 아닌 윙백 역할을 소화해야 해서 전술적으로도 적응이 필요했고, A매치 경험이 거의 없는 19세 선수가 익숙하지 않은 역할로 월드컵 본선에서 활약할 가능성은 애초에 크지 않은 게 현실이었다. 그럼에도 벨기에와의 조별 라운드 마지막 경기에서는 선발 출전 기회를 잡았다. 잉글랜드와 벨기에가 이미 16강 진출을 확정 지은 이후 펼친 맞대결이기 때문에 부담이 적었던 덕분이다. 아놀드는 누구보다 성실하게 움직이며 공격 지역으로 원활하게 패스를 공급했고, 위기 상황에서는 골문 바로 앞에서 실점을 막아내기도 했다. 잉글랜드는 끝내 0-1로 패해 조 2위로 16강에 진출한 것에 만족해야 했지만, 로테이션으

2017-18 리버풀 시즌 기록

프리미어리그 19경기 중
선발 18경기 출전 1골 1도움

챔피언스리그 예선 포함 12경기 중
선발 11경기 출전 2골 1도움

FA컵 2경기 중
선발 1경기 출전

**리버풀 구단
올해의 유망주
2년 연속 선정**

활용하며 아놀드와 같은 백업 멤버들에게 기회를 준 것은 소득이었다. 아놀드는 79분을 소화한 뒤 공격수 대니 웰벡과 교체되어 나왔다. 잉글랜드는 준결승까지 올라 크로아티아와의 승부차기에서 패한 끝에 4위로 대회를 마친 가운데, 벨기에전이 아놀드의 유일한 출전이었다. 적은 기회였지만 아놀드에게는 자신의 잠재력을 충분히 보여줄 수 있는 시간이었다. 리버풀 웨스트 더비 지역 출신의 소년은 잉글랜드를 대표하는 스타 중 하나로 성장할 재목이 분명했다.

> **"**
> 이번 시즌 리버풀의 행보를 보면
> 어느 팀보다 우승할 자격이 있었던 것
> 같아요. 어떤 경기에서도 이길 수 있는
> 월드 클래스 팀이라는 걸 보여준 것
> 같습니다.
> **"**

- 챔피언스리그 우승 후 인터뷰 중

BEGINNING OF A LEGEND

전설의 시작, 유럽 무대 정상에 오르다

아놀드가 본격적으로 유럽 최고의 라이트백 중 하나로 각광받기 시작한 것은 2018-19 시즌의 활약을 통해서였다. 이는 클럽 감독의 전술 조정으로 가능한 일이었다. 리버풀은 이제 현실적으로 주요 대회의 우승을 노릴 수 있는 전력과 팀의 완성도를 갖추게 됐고, 아놀드의 넓은 경기 시야와 정확하고 강력한 킥이라는 재능은 팀의 가장 강력한 무기 중 하나가 될 수 있었다. 따라서 클럽 감독은 이를 최대한 활용하기 위해 4-3-3 포메이션에서 공격 시에는 2-3-5 형태에 가깝게 풀백들을 전진시켰고, 덕분에 아놀드는 좋은 위치에서 상대 수비 뒷공간과 골키퍼 사이의 가장 위험한 지역으로 날카로운 크로스를 올릴 기회를 더 많이 잡게 됐다.

<OPTA 데이터 참조>

위의 그림은 아놀드의 2017-18 시즌(왼쪽)과 2018-19 시즌(오른쪽) 공식 대회 오픈 플레이 상황 볼 터치 지역을 나타낸 것이다. 오른쪽 측면 공격 지역(파이널 서드)에서 아놀드의 볼 터치가 90분당 14.4회(20%)에서 16.2회(22%)로 늘어난 것을 알 수 있다. 아놀드가 공격을 위해 더 전진하면서 수비가 불안해지는 것은 감수할 수밖에 없었지만, 클롭 감독은 기동력이 좋은 중앙 미드필더들을 활용해 풀백들이 비운 뒷공간을 커버할 수 있도록 했고 아놀드의 경우 주로 조던 헨더슨과 호흡을 맞췄다. 그리고 중원에는 수비형 미드필더 파비뉴를 새로 영입해 팀의 무게중심을 잡고 공수 균형을 유지했다. 리버풀은 시즌 개막과 함께 공식 대회 7연승을 거두는 최고의 출발을 해냈지만, 이 기간 아놀드의 활약은 물론이고 팀의 경기력도 좋지 못한 편이었다. 1군 멤버로서 처음으로 완전하게 시즌을 소화한 이후 여름에 휴식을 취하지 못한 채 월드컵까지 참가했던 탓에 신체적으로 완벽한 컨디션이 아니었기 때문이다. 중원에서 아놀드와 호흡을 맞춰야 하는 파트너도 신입 미드필더 나비 케이타였기 때문에 조직력 또한 완벽하지는 않았다. 다행히 리버풀은 공격진의 맹활약을 앞세워 7연승 기간 17골을 터트리는 화력을 과시했고, 아놀드는 일곱 번째 경기였던 사우샘프턴과의 프리미어리그 홈 맞대결에서 정확한 코너킥으로 시즌 첫 도움을 기록했다. 리버풀의 위기는 첼시와의 2연전에서부터 찾아왔다. 아놀드가 로테이션 차원에서 결장한 리그컵 맞대결에서 1-2로 역전패를 당해 탈락했고, 곧바로 이어진 프리미어리그 맞대결에서는 서로 조심스러운 경기를 펼친 끝에 다니엘 스터리지가 후반 44분 극적인 동점 골을 터트리며 1-1 무승부를 기록했다. 그리고 가장 큰 시련은 챔피언스리그 나폴리 원정에서 찾아왔다. 세계 최고의 명장 중 하나로 꼽히는 카를로 안첼로티 감독이 지휘하던 나폴리는 수비적인 4-4-2 포메이션을 기반으로 수비 시에는 측면 미드필더들이 중원 싸움에 가담하며 리버풀의 세 미드필더를 상대로 수적 우위를 점했고, 공격으로 전환할 때는 투톱 중 하나인 로렌초 인시녜가 측면 공간을 적극적으로 공략하며 아놀드를 괴롭혔다. 그 결과 리버풀은 경기 내내 단 하나의 유효 슈팅도 기록하지 못한 채 후반 45분 인시녜에게 결승골을 내주며 0-1 패배를 당했다. 아놀드는 이 경기 리버풀의 약점으로 꼽힐 정도였고, 챔피언스리그 무대에서 최고 수준의 팀을 상대로 경험이 부족하다는 지적을 피하기 어려웠다. 그도 그럴 것이 어디까지나 아놀드는 19세 소년에 불과했고, 아놀드의 약점을 보완해줄 팀의 조직력도 아직은 완성된 상태가 아니었다. 나폴리전 부진의 영향인지 클롭 감독은 이어진 맨시티와의 프리미어리그 홈 경기에서 아놀드를 선발로 기용하지 않았고, 대신 수비력이 더 좋은 조 고메스를 라이트백으로 내세웠다. 두 팀이 90분 내내 0의 균형을 유지하며 팽팽하게 맞서자 끝내 아놀드는 교체로도 투입되지 않았다. 리버풀은 경기 막바지 페널티킥을 허용했으나, 리야드 마레즈가 이를 골로 연결하지 못해 승점 1점이라도 확보하는 데 만족해야 했다. 잉글랜드 대표팀에서도 상황은 크게 다르지 않았다. 전성기의 카일 워커, 키어런 트리피어가 경쟁 상대였기 때문에 아놀드는 공식 대회가 아닌 평가전에 주로 활용됐다. 스페인과의 네이션스 리그 경기에서

3-1로 앞선 후반 40분에 교체로 투입되며 그나마 기회를 잡았으나, 한 골을 실점해 3-2 신승으로 경기를 마쳤다. 리버풀로 돌아온 이후에도 허더즈필드와의 경기에서 또다시 벤치를 지켰다. 아놀드의 성장에 필요한 배움과 충전의 시기였다고 할 수 있다. 그리고 아놀드에게는 최고의 조력자가 기다리고 있었다. 바로 허더즈필드를 상대로 프리미어리그 데뷔전을 치른 수비형 미드필더 파비뉴였다. 물론 리버풀이 아놀드를 위해서 파비뉴를 영입한 것은 아니지만, 파비뉴는 아놀드에게 필요한 이상적인 파트너였다. 아놀드가 넓은 시야와 뛰어난 패스 능력을 겸비한 중앙 미드필더로 성장하던 라이트백이라면, 파비뉴는 반대로 긴 다리를 활용한 빠른 스피드와 강력한 몸싸움 능력을 갖추고 라이트백과 센터백을 거쳐 성장해온 수비형 미드필더였다. 따라서 두 선수는 서로의 포지션에 대한 이해도가 높아 단점을 보완해줄 수 있었기에 최고의 호흡을 선보이게 됐다. 파비뉴가 적응 기간을 가지는 사이 아놀드와 리버풀 모두 다소 기복이 있는 경기력을 보여줬다. 프리미어리그에서는 안정적으로 무패 행진을 이어갔으나, 바쁜 일정 속에서 로테이션을 활용하며 까다로운 상대들을 만나야 하는 챔피언스리그에서는 부진이 눈에 띄었다. 츠르베나 즈베즈다 원정에서는 팀 전체가 부진한 모습을 보이며 전반에만 두 골을 내준 끝에 0-2로 패하는 실망스러운 결과를 낳았고, 특히나 아놀드는 전반 내내 상대에게 돌파를 허용하다가 하프타임에 조 고메스와 교체되어 나가는 수모를 겪었다. 1-2로 패한 파리 생제르맹 원정에서는 수비형 미드필더로 조던 헨더슨이, 라이트백으로 조 고메스가 출전해 아놀드는 벤치를 지켰다. 연이은 원정 패배로 리버풀은 챔피언스리그 16강 진출조차 장담하기 어려운 상황에 놓였다. 조별 라운드 마지막 경기는 나폴리와의 홈 맞대결이었다. 3위로 밀려나 있던 리버풀로서는 16강 진출을 위해 반드시 승리가 필요한 상황. 클롭 감독의 대비는 당연히 철저했고 홈 팬들의

응원도 열광적이었다. 덕분에 리버풀은 시종일관 상대를 밀어붙이며 슈팅 숫자에서 23-8로 앞서는 압도적인 경기를 펼쳤다. 아놀드는 상대에게 역습을 허용하지 않는 것을 최우선으로 하면서도 필요한 순간에는 공격에 가담해 날카로운 중거리 슈팅과 크로스를 한 차례씩 선보였다. 문제는 골 결정력이었다. 리버풀은 전반 34분 모하메드 살라의 선제골로 앞서갔고, 승부에 쐐기를 박을 추가 득점 기회를 여러 차례 잡았음에도 공격수들의 슈팅은 번번이 골대를 벗어났다. 그리고 경기 막바지 나폴리의 교체 투입 공격수 아르카디우스 밀리크가 동료의 로빙 패스를 받아 리버풀 골문 앞에서 결정적인 득점 기회를 잡으며 리버풀 팬들의 간담을 서늘하게 했다. 절체절명의 순간 알리송 베케르 골키퍼가 각도를 줄이고 나와 선방을 해내면서

경기는 리버풀의 1-0 승리로 막을 내렸다. 나폴리와 승점은 물론이고 맞대결 전적에 골 득실까지 동률을 기록, 오직 다득점에서 앞서며 가까스로 16강 진출을 이뤄낸 리버풀이었다. 챔피언스리그에서는 어려움을 겪은 반면 프리미어리그에서는 순항이 이어졌다. 리버풀은 20라운드까지 17승 3무를 거두며 우승을 향해 순항하고 있었고, 2위 맨시티와의 승점 차이는 7점으로 벌어져 있었다. 아놀드는 잉글랜드 대표팀에 차출돼 미국과의 평가전에서 A매치 데뷔골을 터트리며 최우수 선수로 선정된 데 이어 리버풀에서는 왓포드를 상대로 선제골 빌드업에 관여하고 멋진 직접 프리킥으로 추가 골까지 터트리며 주가를 높였다. 20세가 된 아놀드는 어느덧 세계에서 가장 몸값이 높은 풀백 중 하나로 평가되고 있었다. 아놀드가

열망을 드러내기 시작했다. 그러나 운명은 얄궂게도 리버풀에 우승을 쉽게 허락하지 않았다. 프리미어리그 21라운드 맨시티 원정. 7점 차로 앞서던 리버풀은 승리할 경우 승점 차이를 10점으로까지 벌리며 우승 경쟁에 절대적으로 유리한 고지를 점할 수 있었다. 그러나 홈에서의 맨시티는 결코 호락호락한 상대가 아니었다. 경기 초반 리버풀의 파상 공세를 잘 견디다가 전반 40분 세르히오 아구에로의 강력한 슈팅으로 선제골을 터트렸다. 맨시티의 공략 포인트는 리버풀 수비진의 기둥이자 왼쪽 센터백인 판 다이크가 아닌 오른쪽 센터백인 데얀 로브렌이었고, 왼쪽 측면과 하프 스페이스 위주로 공격을 진행했기에 아놀드 또한 수비에서 어려움을 겪을 수밖에 없었다. 이를 지켜보던 클롭 감독은 후반 12분 제임스 밀너를 빼고 파비뉴를 교체 투입해 수비형 미드필더 역할을 맡겼고, 동점 골이 필요한 상황에서 아놀드는 수비보다 공격 가담에 더욱 집중하며 팀에 힘을 실어줬다. 이러한 변화는 적중했다. 후반 19분, 공격 지역까지 올라간 아놀드가 상대 박스 깊숙한 지역을 향해 왼발로 대각선 방향 크로스를 올렸다. 반대 방향에서 레프트백 앤디 로버트슨이 이를 원터치로 다시 골문 앞에 연결했고, 쇄도하던 피르미누가 이를 머리로 밀어

한 시즌 넘게 주전으로서 가치를 증명하자 리버풀도 그에 걸맞는 대우를 위해 재계약 협상을 이어왔고, 2019년 1월에 마침내 재계약을 발표하게 됐다. 첫 프로 계약 이후 18개월 만의 재계약이었다. 아놀드는 "이번 계약을 통해 저에 대한 구단의 신뢰와 지원을 느낄 수 있어 자랑스럽습니다. 제의를 받은 순간부터 망설임은 전혀 없었고 빨리 협상을 마무리하고 싶었어요. 매니저를 맡고 있는 형이 협상을 잘 처리해 준 덕분에 저는 축구에만 집중할 수 있었습니다. 자부심과 함께 저에게 신뢰를 보내준 리버풀 구단과 클롭 감독을 위해 더 열심히 뛰어야겠다는 동기부여가 생깁니다. 저도 지난 18개월간 유망주의 껍질을 깨고 성장해 1군 생활이 편안해졌고, 이제는 동료들과 단결해 팀이 성공을 거둘 수 있도록 하는 게 가장 중요합니다."라며 우승에 대한

넣으며 리버풀은 동점을 만들었다. 정확한 킥의 아놀드와 헌신적인 움직임의 로버트슨, 두 풀백 콤비의 장점이 만들어낸 득점이었다.

리버풀은 계속해서 흐름을 타고 역전까지 노렸지만 의욕이 다소 과했던 것일까? 후반 27분 맨시티가 리버풀의 공격을 끊고 역습에 나섰고, 무게중심이 다소 왼쪽으로 쏠려 있던 리버풀 수비진은 여러 갈래로 쇄도해 들어오는 맨시티 공격수들의 움직임을 완벽하게 제어하지 못했다. 결국 맨시티의 왼쪽 측면 공격수 사네에게 마무리 패스가 연결됐고, 아놀드는 중앙의 아구에로를 신경 쓰느라 하프 스페이스에서 침투하던 사네를 완전히 놓치고 말았다. 슈팅을 막기 위해 뒤늦게 발을 뻗어봤지만, 사네의 슈팅은 아놀드의 발을 스치고는 리버풀의 골대를 때린 뒤 골문

안으로 들어가 이 경기의 결승골이 됐다. 리버풀의 시즌 처음이자 마지막 프리미어리그 패배였다. 리버풀은 이어진 울버햄튼과의 FA컵 맞대결에서 로테이션을 가동했다가 또다시 1-2 패배를 당하면서 조기 탈락이라는 실망스러운 결말을 맞이했다. 브라이튼과의 프리미어리그 경기에서는 1-0으로 승리했으나, 이 경기에서 아놀드가 부상을 당하는 큰 손실이 발생했다. 경기를 앞둔 워밍업 과정에서 당한 부상이었기에 심각하게 생각하지 않고 그대로 선발 출전해 풀타임을 소화한 것이 화근이었다. 경기가 끝나고 검진을 받은 결과 무릎 인대에 약간의 손상이 발견됐고, 이 때문에 아놀드는 4주간 자리를 비워야 했다. 아놀드가 빠진 리버풀의 경기력이 곧바로 추락한 것은 아니었지만, 맨시티와 치열한 우승 경쟁을 펼치는 와중에 아놀드의 공백은 치명적이었다. 크리스탈 팰리스와는 격전을 펼친 끝에 가까스로 4-3 승리를 거뒀지만, 이어진 두 경기에서 객관적으로 한 수 아래의 상대라고 할 수 있는 레스터 시티, 웨스트햄과 연달아 1-1로 비기며 승점 4점을 놓치게 됐다. 레스터와의 경기에서는 폭설 탓에 최고 수준의 경기력을 발휘하기가 어려웠고, 웨스트햄과의 경기를 앞두고는 밀너와 버질 판 다이크까지 컨디션 난조를

겪는 불운이 겹치고 말았다. 이 결과로 맨시티와의 승점 차이가 단 3점으로 좁혀지며 리버풀의 선두 자리는 불안해졌다. 부상에서 돌아온 아놀드를 기다리고 있던 것은 챔피언스리그 토너먼트를 병행해야 하는 바쁜 일정이었다. 3-0으로 앞서던 본머스와의 프리미어리그 경기에서 교체로 투입돼 13분을 소화하며 복귀를 신고한 아놀드는 바이에른 뮌헨과의 챔피언스리그 16강 1차전 홈 경기에 선발로 출전해 풀타임을 소화했다. 경기 감각이 100%가 아닌 상태에서도 상대 윙어 킹슬리 코망을 잘 막아냈고 가로채기도 3회를 기록하며 안정적인 수비를 펼쳤다. 그러나 공격에서는 날카로운 감각이 필요한 크로스가 흔들리며 별다른 기여를 하지 못했다. 경기는 0-0으로 마무리됐는데, 홈에서 승리를 거두지 못한 것은 만족스럽지 못했지만 유럽 무대 최강팀 중 하나를 상대로 선전했다는 평가가 더 많았다. 이어진 맨유와의 프리미어리그 맞대결에서 아놀드는 휴식을 취했다. 이 경기는 전반에만 양 팀을 합해 네 명의 선수가 부상으로 교체되는 (리버풀은 호베르투 피르미누가 부상을 당했다) 어수선한 흐름 속에 진행된 끝에 0-0 무승부로 마무리됐다. 이로써 맨시티와의 승점 차이는 1점으로 좁혀졌고, 클롭

감독은 리버풀이 충분히 승리할 수 있는 경기에서 승점을 놓쳤다며 아쉬움을 감추지 못했다. 그리고 아놀드는 왓포드와의 경기에 돌아와 환상적인 활약을 펼쳤다. 최고의 장기인 오른발 크로스만으로 세 개의 도움을 기록하며 리버풀의 5-0 대승을 이끌었다. 20세 143일의 나이로 프리미어리그 최연소 도움 해트트릭 신기록을 작성하는 순간이었다. 이 경기에 대해 아놀드는 "상대 측면 공격수들의 수비 가담이 적극적이지 않았기 때문에 측면으로 공이 왔을 때 자유롭게 박스 안으로 크로스를 시도할 수 있었습니다. 풀백으로서 도움을 올리는 건 기분 좋은 일인데, 특히나 한 경기에 세 개의 도움을 기록하는 건 자주 있는 일이 아니죠. 득점 기회를 만들어 팀을 도울 수 있어 기쁘고, 이를 골로 연결해준 동료들의 활약도 좋았습니다."라고 밝혔다. 여전히 풀백으로서 아놀드의 수비력을 비판하는 목소리는 존재하지만, 이 경기에서 보듯 아놀드는 공격력이 워낙 뛰어나기 때문에 그 자체로 상대 공격을 저지하는 효과가 있다. 상대 측면 공격수가 적극적으로 수비에 가담해 아놀드를 막느라 에너지를 소모해야 하기 때문이다. 특히나 아놀드는 리버풀이라는 강팀에서 뛰고 있기 때문에 웬만한 경기에서는 수비보다 공격을 하는 빈도가 훨씬 높고, 따라서 풀백으로서 아놀드의 가치는 더욱 특별하다고 할 수 있다. 이에 더해 아놀드는 넓은 시야까지 갖춰 공격 방향을 한 번에 바꿔버리는 대각선 방향의 전환 패스까지도 공급하는 선수이기에 전술적인 활용 가치는 무궁무진하다. 세트피스 상황에서의 위협은 말할 필요도 없을 정도다. 프리미어리그에서 시즌 막바지까지 아놀드의 좋은 활약은 이어졌고, 특히 마지막 여섯 경기에서 도합 6도움을 올리는 기염을 토하면서 도합 12도움으로 대회 역사상 수비수의 한 시즌 최다도움 기록을 새로 쓰게 됐다. 이는 고작 20살에 불과한 유망주가 이룬 것이라고는 믿기 어려울 정도의 업적이었다. 단순히 동세대에서 가장 뛰어난 것을 넘어 풀백이라는 포지션의 새로운 지평을 연 성과였다. 그러나 리버풀은 맨유와의 북서부 더비 0-0 무승부에 이어 또 다른 숙적 에버턴과의 머지사이드 더비에서도 0-0으로 비기면서 맨시티에 승점 1점 차로 역전을 허용하고 말았다. 이후 남은 리그 아홉 경기에서 모두 승리를 거뒀지만, 시즌 막바지 14연승을 기록한 맨시티를 추격하지 못한 채 97점이라는 당시 기준

역대 3위에 해당하는 승점을 쌓고도 98점의 맨시티에 밀려 2위에 그치는 너무나도 안타까운 마무리를 하고 말았다. 리그에서 무관의 세월은 29년까지 이어지게 됐다. 이 크나큰 좌절을 이겨내게 해준 것은 챔피언스리그에서의 성공적인 행보였다. 열세가 예상되던 16강 2차전 바이에른 뮌헨 원정에서는 견고한 수비와 역습으로 3-1 승리를 거두며 8강에 올랐다. 아놀드는 이 경기에서 세계 최고의 윙어 중 하나로 꼽히던 프랑크 리베리를 잘 막아내며 승리에 힘을 보탰다. 8강에서는 한 수 아래의 상대인 포르투를 만나 1, 2차전 합산 스코어 6-1의 대승을 거두고 준결승에 올랐다. 상대는 축구 역사상 가장 뛰어난 선수, 리오넬 메시가 이끄는 스페인의 명문 바르셀로나였다. 1차전 원정 경기는 악몽이었다. 클롭 감독은 필리페 쿠티뉴, 루이스 수아레스, 메시로 구성된 상대의 가공할 공격진을 의식해 라이트백 자리에 아놀드 대신 수비력이 더 뛰어난 조 고메스를 선발로

내세웠으나 이는 패착이었다. 바르셀로나는 미드필더인 이반 라키티치와 레프트백인 조르디 알바까지 적극적으로 공격에 가담해 고메스를 공략했고, 결국 알바의 크로스에서 수아레스의 첫 골이 나왔다. 전반 내내 소극적인 태도로 일관하던 리버풀은 후반 들어 반격에 나서 여러 차례 슈팅을 시도해 봤지만 아쉬운 골 결정력으로 동점을 만드는 데 실패했고, 오히려 메시의 마법과 같은 플레이에 두 골을 더 내주며 0-3으로 완패했다. 메시의 직접 프리킥이 리버풀 골문 상단 구석에 꽂히자 클롭 감독마저 도저히 당해낼 수가 없다는 듯 허탈한 웃음을 터트릴 정도였다. 바르셀로나와 같은 유럽 최고 수준의 팀을 상대로 세 골의 격차를 극복하는 것은 불가능에 가까운 일이다. 게다가 피르미누가 근육 부상으로 자리를 비운 데 더해 살라마저 뉴캐슬과의 프리미어리그 맞대결에서 뇌진탕 부상을 당해 2차전 출전이 불가능했다. 그러나 리버풀은 더 물러설 데가

없었고, 선수들의 뒤에서 세계 최고의 열정을 가진 팬들이 온 힘을 다해 응원을 보내주는 안필드에서의 2차전이 기다리고 있었다. 아놀드도 선발 명단에 복귀해 의욕을 불태웠다. 피르미누와 살라의 공백은 각각 디보크 오리기와 제르당 샤키리가 메웠다. 열광적인 분위기 속에 시작된 경기, 리버풀은 시작부터 공세에 나섰다. 그리고 전반 7분 만에 상대 수비 실책을 틈타 사디오 마네가 박스 안으로 쇄도하던 조던 헨더슨에게 패스를 이어줬고, 헨더슨의 슈팅이 상대 골키퍼에 막히자 오리기가 곧바로 리바운드 슈팅으로 골을 터트리며 기선을 제압했다. 순식간에 분위기는 해볼 만한 승부로 바뀌었고 남은 시간은 충분했다. 그러나 여전히 다급한 쪽은 리버풀이었다. 서두르던 리버풀이 쉽게 공을 내주기 시작하자 바르셀로나는 메시를 앞세워 반격에 나섰고, 전반 남은 시간 여러 차례 리버풀의 골문을 위협했으나 다행히도 마무리 슈팅이 날카롭지는 않았다. 1-0으로 전반이 마무리되면서 리버풀에 추격의 시간은 후반 45분밖에 남아 있지 않았다. 두 팀은 후반 시작부터 적극적인 침투 패스로 골을 노렸는데, 두 번째 골을 터트린 쪽은 리버풀이었다. 후반 9분, 아놀드가 적극적인 압박으로 알바에게서 공을 빼앗은 뒤 그대로 올라가 낮고 정확한 크로스를 시도했고 공은 라키티치의 발을 맞고 살짝 꺾이면서 바르셀로나 수비 셋을 지나쳐 조르지뇨 바이날둠에게 연결됐다. 바이날둠이 논스톱으로 슈팅한 공은 낮고 빠르게 골문 정면을 향했고, 바르셀로나의 테어 슈테겐 골키퍼가 황급하게 몸을 낮춰 막아봤지만 공은 그의 몸을 맞고 골문 안으로 들어갔다. 스코어는 2-0, 이제 리버풀은 단 한 골만 더 넣으면 승부를 원점으로 돌릴 수 있었다. 이때부터 바르셀로나 선수들의 표정에는 당황한 기색이 역력했다. 그렇지 않아도 바르셀로나는 이전 시즌 챔피언스리그 8강에서 AS 로마에 1차전 홈 경기 4-1 승리를 거둔 뒤 2차전 원정 경기에서 0-3으로 패해 원정 다득점 원칙에서 밀려 탈락하는 아픔을 겪었는데, 당시에 대역전을 허용했던 악몽이 고스란히 되살아나는 듯했다. 확실한 추격의 분위기를 탄 리버풀은 그로부터 2분 만에 또다시 골을 터트렸다. 이번에는 왼쪽에서 샤키리가 크로스를 올렸고, 바이날둠이 골문 앞까지 가서 감각적인 헤딩 슈팅을 시도했다. 공이 예상하지 못하게 가까운 쪽 골대로 향하자 테어 슈테겐 골키퍼는 역동작에 걸려 손도 쓸 수 없었고, 바르셀로나의 골망이 흔들리며 합산 스코어는 3-3 동점이 됐다. 이제 리버풀이 역전 결승골을 터트리는 것은 시간

문제로 보였다. 하지만 상대는 어디까지나 바르셀로나였기 때문에 집중력을 잃는 순간 패배의 위험이 다가올 수 있었다. 바르셀로나는 메시를 앞세워 여러 차례 위협적인 슈팅으로 반격에 나섰고, 리버풀은 헌신적인 수비와 알리송 베케르 골키퍼의 선방으로 균형을 유지할 수 있었다. 그러던 후반 34분, 리버풀에 코너킥 기회가 찾아왔다. 아놀드가 코너킥을 얻어낸 뒤 공을 오른쪽 코너 플래그에 세워뒀고, 왼발잡이인 샤키리가 킥을 하기 위해 걸어오고 있었다. 그 순간 집중력을 잃은 쪽은 바르셀로나였다. 언제든 코너킥이 이뤄질 수 있는 상황이었는데도 키커인 샤키리를 비롯한 리버풀 선수들이 자리를 잡으러 천천히 걸어오자 코너 쪽은 쳐다보지도 않은 채 자신들이 막아야 할 상대만 보며 정작 공에는 등을 돌리고 있었다. 그 틈에 오리기가 상대 수비 없이 골문 바로 앞에 자리 잡은 것을 본 아놀드는 자신이 재빠르게 코너로 돌아가 패스를 연결했고, 이를 오리기가 그대로 받아 넣으며 챔피언스리그 역사에 남을 대역전극이 완성됐다. 바르셀로나는 물론 리버풀까지 포함해 경기장 위의 모든 선수가 멈춰 있고 아놀드와 오리기만이 반응해 만들어낸 장면이었다. 노련한 베테랑이나 할 수 있는 영리한 플레이를 20세에 불과한 아놀드가 해낸 것이다. 경기가 끝난 뒤 클롭 감독도 '천재적인 순간'이었다는 찬사를 보냈다. 아놀드는 "정말 본능적으로 반응해서 찬 코너킥이었습니다. 이번 경기는 실수에 대한 두려움도 한계도 없이 임했는데, 그게 완벽한 정답이었던 것 같아요. 기회를 포착했을 때는 나중에 혼나더라도 상관없으니 바로 실행해야 합니다.

<OPTA 데이터 참조>

평생 잊지 못할 특별한 순간이었습니다. 리버풀은 2시즌 연속으로 오른 챔피언스리그 결승전 상대는 같은 프리미어리그 팀이자 손흥민의 소속팀 토트넘이었다. 토트넘 또한 8강에서 맨시티, 4강에서 아약스를 상대로 연달아 기적과 같은 승부를 펼치며 올라온 팀이었기 때문에 리버풀이 객관적인 전력에서 다소 앞선다 하더라도 방심은 금물이었다. 경기는 초반부터 리버풀의 흐름으로 흘러갔다. 전반 2분 만에 상대 미드필더 무사 시소코가 부주의한 핸들링 반칙을 범해 페널티킥을 허용했고, 리버풀은 살라가 실수 없이 골을 터트리며 앞서 나갔다. 아놀드는 팀이 일찌감치 리드를 잡은 상황이라 수비에 좀 더 집중하면서도 과감한 공격 가담 이후 중거리 슈팅으로 토트넘 골문을 노리기도 했으며, 토트넘의 가장 위협적인 공격수였던 손흥민의 질주를 정확한 태클로 저지하기도 했다. 이후의 변수는 두 팀 최전방 공격수의 부진이었다. 리버풀은 피르미누가, 토트넘은 해리 케인이 부상 후유증으로 정상적인 상태가 아님에도 워낙 중요한 경기였기에 선발 출전을 감행했다. 그러나 두 팀 감독의 대응은 전혀 달랐다. 클롭 감독은 피르미누가 부진하자 후반 13분 만에 오리기와 교체를 단행한 반면에 마우리시오 포체티노 토트넘 감독은 케인이 부진했음에도 풀타임을 소화하게 했고, 결국 이 차이가 승부를 갈랐다. 토트넘에도 출중한 백업 공격수 페르난도 요렌테가 있었으나, 후반 36분이 되어서야 그라운드를 밟았다. 그리고 후반 42분 승부에 쐐기를 박는 골을 오리기가 터트리며 리버풀이 2-0 승리를 거두고 유럽 무대 정상에 섰다. 통산 여섯 번째 유럽 최고 대회 제패, 레알 마드리드와 AC 밀란에 이어 최다 우승 3회를 자랑하는 명문 구단으로서의 위상을 입증한 리버풀이었다. 아놀드는 "말로 표현하기 어려운 기분입니다. 이번 시즌 리버풀의 행보를 보면 어느 팀보다 우승할 자격이 있었던 것 같아요. 우승으로 가는 길목에서 모든 상대를 꺾고 특별한 경기를 해냈습니다. 어떤 경기에서도 이길 수 있는 월드 클래스 팀이라는 걸 보여준 것 같습니다."라고 우승에 자부심을 드러내면서도, 스물의 나이에 벌써 구단의 레전드가 된 것이 아니냐는 질문에는 "저는 리버풀 출신의 평범한 청년입니다. 단지 꿈을 이룬 것뿐이죠."라고 겸손하게 답했다. 이 답변은 시즌이 끝난 이후 안필드 경기장 근처 건물에 그려진 아놀드의 벽화에도 적히게 됐다. 겸손한 답변과는 달리 벽화가 생겼다는 사실 자체가 리버풀에서 이미 레전드가 된 아놀드의 위상을 말해준다. 그리고 그 벽화에는 머지사이드 지역의 불우한 이웃들을 위한 무료 급식 사업의 홍보 문구도 함께 적혔다. 아놀드는 "무료 급식 사업의 메시지가 함께 적힌 건 중요한 일입니다. 경기장에서 몇 미터 떨어지지 않은 곳에 어려운 분들이 계시다는 걸 알려서

2018-19 리버풀 시즌 기록

프리미어리그 29경기 중
27경기 선발 출전 1골 12도움

챔피언스리그 11경기
모두 선발 출전 4도움

2019 발롱도르 19위

**UEFA 챔피언스리그 시즌 베스트 20인
(수비수 5인에 포함)**

이를 본 팬들이 가능하실 때마다 지역 사회에 환원하게 되는 거죠. 리버풀 아이들이 제게 배울 점이 있다면 어떤 일이든 가능하다는 겁니다. 저 또한 제라드나 캐러거 유니폼을 입고 다니던 아이였으니까요. 그 선수들도 저에게 어떤 일이든 가능하다는 걸 알게 해준 겁니다."라고 밝혔다. 이전까지 공식 대회 45경기 3도움에 그쳤던 아놀드는 2018-19 시즌 들어 40경기 16도움을 올리는 맹활약을 펼쳤고, 특히 프리미어리그에서 올린 12도움은 대회 역사상 수비수의 한 시즌 최다 도움 신기록이 됐다. 아놀드는 "공격수들이 자신들의 장점을 발휘해 골을 터트릴 수 있도록 좋은 패스를 공급하는 게 최우선입니다. 많은 골에 도움을 올리는 건 당연히 기분 좋죠. 저나 (레프트백인) 앤드류 로버트슨 모두 잘하고 있다는 뜻이니까요. 하지만 결국 가장 중요한 건 팀의 승리입니다. 도움 기록에 신경 쓰기보다는 팀에만 최대한 집중하고자 했습니다. 그 결과로 기록을 깰 수 있었던 거죠. 팀이 잘한 겁니다."라고 동료들에게 공을 돌렸다.

COLUMN

'UFO 슛'을 보여준
초인적인 신체 능력

ROBERTO CARLOS

1973년 4월 브라질 출생
1991년 프로 데뷔
2016년 현역 은퇴

주요 경력:
브라질 세리에 A 우승 2회 (파우메이라스),
라리가 우승 4회, 챔피언스리그 우승 3회 (레알 마드리드),
1997 & 1999 코파 아메리카 우승, 2002 월드컵 우승

"카를로스는 혼자서도 왼쪽 측면 전체를 혼자 커버할 수 있는 선수입니다." 이는 선수와 감독 모두로서 레알 마드리드의 우승을 이끌었던 비센테 델 보스케가 남긴 평가다. 100미터를 11초도 안 되어 주파하는 빠른 발, 시속 140km에 달하는 강력한 슈팅을 구사할 수 있는 초인적인 신체 능력을 보유한 선수가 바로 카를로스였다. 이러한 신체 능력만큼이나 카를로스에게 주목해야 하는 것은 바로 경기 흐름을 읽는 판단력과 언제, 어디, 누구에게서든 배우려고 하는 성실한 태도다. 특히나 성실한 태도는 어린 시절의 모습에서부터 확인할 수 있는데, 카를로스는 12살의 나이에도 어려운 가정 환경을 돕기 위해 직물 공장에서 일을 하며 축구 선수로서의 목표를 향해 달려가던 소년이었다. 뛰어난 운동 능력으로 일찌감치 두각을 나타내자 부친이 다른 일은 그만두고 축구에 집중하라고 권했고,

카를로스는 그 길로 전력을 다해 정상을 향해 달려가기 시작, 19살의 나이에 상대적으로 작은 구단인 우니앙 상 주앙에서 뛰면서도 브라질 대표팀의 부름을 받는 빠른 성장을 이뤄내게 됐다. 스무 살이 되면서 카를로스는 브라질의 빅클럽 파우메이라스로 이적을 감행했고, 그곳에서 두 시즌 연속 브라질 리그 우승을 차지하는 성공 가도를 질주했다. 그리고 1995년 여름, 인테르의 제의를 받아 마침내 유럽 진출을 이뤄낸 카를로스는 입단 직후 첫 두 경기에서 연달아 강력한 슈팅으로 골을 터트리며 자신의 장점을 보여줬으나 이후에는 별다른 활약을 펼치지 못했다. 이는 카를로스를 풀백이 아닌 측면 공격수로 기용한 로이 호지슨 감독의 실책이었다. 카를로스는 자신의 빠른 스피드로 넓은 공간을 질주해야 가장 뛰어난 활약을 펼칠 수 있는 선수인데, 공격진에서 뛰게 되자 질주할 공간 자체가 줄어들고 만 것이다. 카를로스는 브라질 대표팀에서와 마찬가지로 풀백으로 뛰길 원했지만, 호지슨은 카를로스의 작은 체구 때문에 끝내 수비력에 의문을 표시했다. 카를로스는 시즌을 마친 직후 인테르 수뇌부에 자신의 활용 방법에 대한 불만을 토로했으나 끝내 중재가 되지 않았고, 결국 1년 만에 다시 이적을 선택하게 되는데 그 행선지는 스페인 최고의 명문 레알 마드리드였다. 레알은 폭발적인 재능을 갖춘 카를로스가 이적 시장에 나왔다는 사실 자체를 놀라워하며 24시간 안에 빠르게 협상을 마무리할 정도였다. 비록 인테르 생활이 성공적이지는 않았지만 수비로 유명한 이탈리아 세리에 A 무대를 경험하면서 카를로스는 수비수로서 어떻게 움직여야 하는지를 연구했고, 이는 풀백으로서 더욱 완성된 기량을 갖추고 레알에 빠르게 적응하는 데 큰 도움이 됐다. 카를로스는 레알에 입단한 1996-97 시즌부터 2006-07 시즌까지 10년 넘게 주전 레프트백 자리를 유지했다. 입단 직후인 1996-97 시즌부터 라리가 우승을 차지하는 등 빠른 성공을 거뒀음에도 카를로스는 발전을 위한 노력을 게을리하지 않았다. 팀 훈련을

TOP 10 FULLBACKS OF THE 21ST CENTURY

마친 뒤에도 마지막까지 남아 개인 훈련을 계속했고, 동료들을 잘 관찰하며 장점들을 흡수했다. 숙적 바르셀로나와의 맞대결에서 루이스 피구를 상대한 것 또한 배움의 계기가 됐다. 피구가 워낙 빠른 데다 드리블 능력이 뛰어나고 다재다능한 선수였기 때문에, 카를로스는 안쪽으로 돌파를 허용하거나 아웃사이드 킥으로 위협적인 패스를 허용하고 말았다. 그러나 이 또한 카를로스에게는 어떤 자세로 수비를 해야 상대를 사이드라인 쪽에 가둬놓을 수 있는지를 연구하고 배움을 얻을 기회였다. 카를로스는 수비에 대해 "우선 알맞은 타이밍에 알맞은 위치에 있는 게 가장 중요합니다. 90분이 넘는 경기 시간 내내 집중력을 유지하며 전력을 다해야만 하죠. 경기 전부터 자신이 막아야 하는 선수를 철저히 연구하고, 공에 집중하면서도 상대의 눈을 바라봐야 어느 쪽으로 돌파하려는지 알 수 있습니다."라는 철학을 밝혔다. 이러한 철학은 저절로 얻어진 것이 아니라 개인 시간에도 최고의 수비력을 갖춘 파올로 말디니를 비롯해 소속팀과 대표팀 동료인 미첼 살가도, 카푸의 움직임을 연구한 끝에 얻어낸 것이었다. 화려한 공격력은 여전했다. 카를로스는 공격에 가담하러 전진하는 속도도 빨랐지만 크로스의 타이밍도 굉장히 빨랐는데, 화려한 재능을 갖춘 선수들이 즐비하던 레알에는 그 크로스를 받아 멋진 골을 터트릴 동료들이 충분히 있었다. 또한, 상대 수비가 레알의 공격수들을 신경 쓰느라 정신이 없는 틈을 타서 페널티 지역 근처까지 올라가 2선에서 자신의 트레이드 마크인 강력한

슈팅으로 득점을 올리는 모습도 종종 보여줬다. 카를로스는 "현대 축구에서 레프트백은 단지 측면에서 크로스만 올리는 게 아니라 득점에도 가담해 경기에서 예측 밖의 요소로 역할을 해내야 합니다. 물론 레알은 훌륭한 공격수들이 많기 때문에 크로스로 득점 기회를 만들어주는 게 가장 중요하긴 했습니다. 전진해서 미드필더와의 원투 패스를 통해 공을 잡고 나면 최대한 빠르게 공격수들의 머리나 발밑으로 전달하려고 했습니다."라고 레알에서 자신의 역할을 설명했다. 이러한 역할을 가장 완벽하게 해낸 장면

중 하나가 바로 2001-02 챔피언스리그 결승전이었다. 카를로스는 왼쪽 측면에서 중앙의 산티아고 솔라리에게 패스를 밀어준 즉시 전방으로 향해 빠르게 질주해 상대의 견제를 따돌렸고, 솔라리의 로빙 침투 패스를 이어받아 논스톱으로 페널티 지역 안으로 크로스를 올렸다. 그리고 이를 지네딘 지단이 우아한 발리 슈팅으로 연결해 결승골을 터트렸다. 이는 레알 마드리드뿐만 아니라 아니라 챔피언스리그 대회 전체의 역사에도 남은 명장면 중 하나로 꼽힌다. 이 득점 장면에 대해 카를로스는 "솔라리의 패스가 연결될 때 전력으로 질주하고 있었습니다. 공이 날아오는 동안 옆으로 보니 박스 안에서 슈팅을 준비하고 있는 하얀색 유니폼이 보이더군요. 제 패스는 완벽했지만, 지단이 아닌 다른 선수였다면 완벽한 발리 슈팅을 때리는 대신 공을 잡아두고 슈팅을 노렸겠죠. 지단 덕분에 챔피언스리그 역사상 가장 아름다운 골 중 하나가 탄생했습니다."라고 회상했다. 브라질 대표팀에서는 직접 득점으로 축구 역사에 남을 장면을 만들기도 했다. 1998 프랑스 월드컵 개막을 1년 앞두고 열린 친선 대회에서 프랑스를 상대로 직접 프리킥 골을 터트렸는데, 이는 마치 물리 법칙을 거스르는 듯한 슈팅 궤적을 보여 'UFO 슛'이라는 별명을 얻었다. 프리킥을 차는 위치는 페널티 지역 정면에서 약간 오른쪽으로 치우친 지역이었고, 왼발 키커인 카를로스가 슈팅을 시도한다면 공이 중앙에서 오른쪽 방향으로 휘어지도록 차는 게 정상이었다. 그에 앞서 애초에 골문으로부터 20미터는 떨어진 지점이었기 때문에 직접 슈팅으로 골을 노리는 것 자체가 무리로 보였다. 그런데 카를로스는 수비벽의 오른쪽을 통과하는 강력한 아웃사이드 킥으로 슈팅을 했고, 직선으로 빠르게 날아가던 공은 갑자기 방향을 바꿔 누구도 예상하지 못하게 왼쪽 방향으로 휘어져 들어가며 프랑스의 골망을 흔들었다. 카를로스 본인조차도 "공의 가장 딱딱한 부분을 노리고 최대한 강력하게 슈팅을 했고, 공이 너무 가벼웠을 뿐 다시 재현하는 건 불가능한 골"이라고 겸손하게 인정할 정도의 명장면이었다. 카를로스의 키는 168cm인데 허벅지 둘레는 60cm에 달할 정도로 힘이 강력해서 가능한 골이었다는 게 그나마 합리적인 설명일 것이다. 라리가, 챔피언스리그, 월드컵까지 최고의 대회를 모두 정복하고 레알 마드리드와 브라질 대표팀의 주장으로도 활약한 카를로스. 아무리 뛰어난 신체 능력을 갖췄더라도 이러한 성공은 강한 정신력 없이는 불가능했다. 카를로스는 "하나라도 더 배우고 싶다면 훈련장에 가장 먼저 와서 가장 늦게 돌아가야 합니다. 팀 훈련이 끝나면 30분은 더 개인 훈련을 하고 돌아가야 하죠. 그리고 경기에서는 책임감을 갖고 수비에 전력을 다하되, 일단 미드필드 이상 올라가면 플레이를 즐기는 게 가장 중요합니다."라고 강조했다.

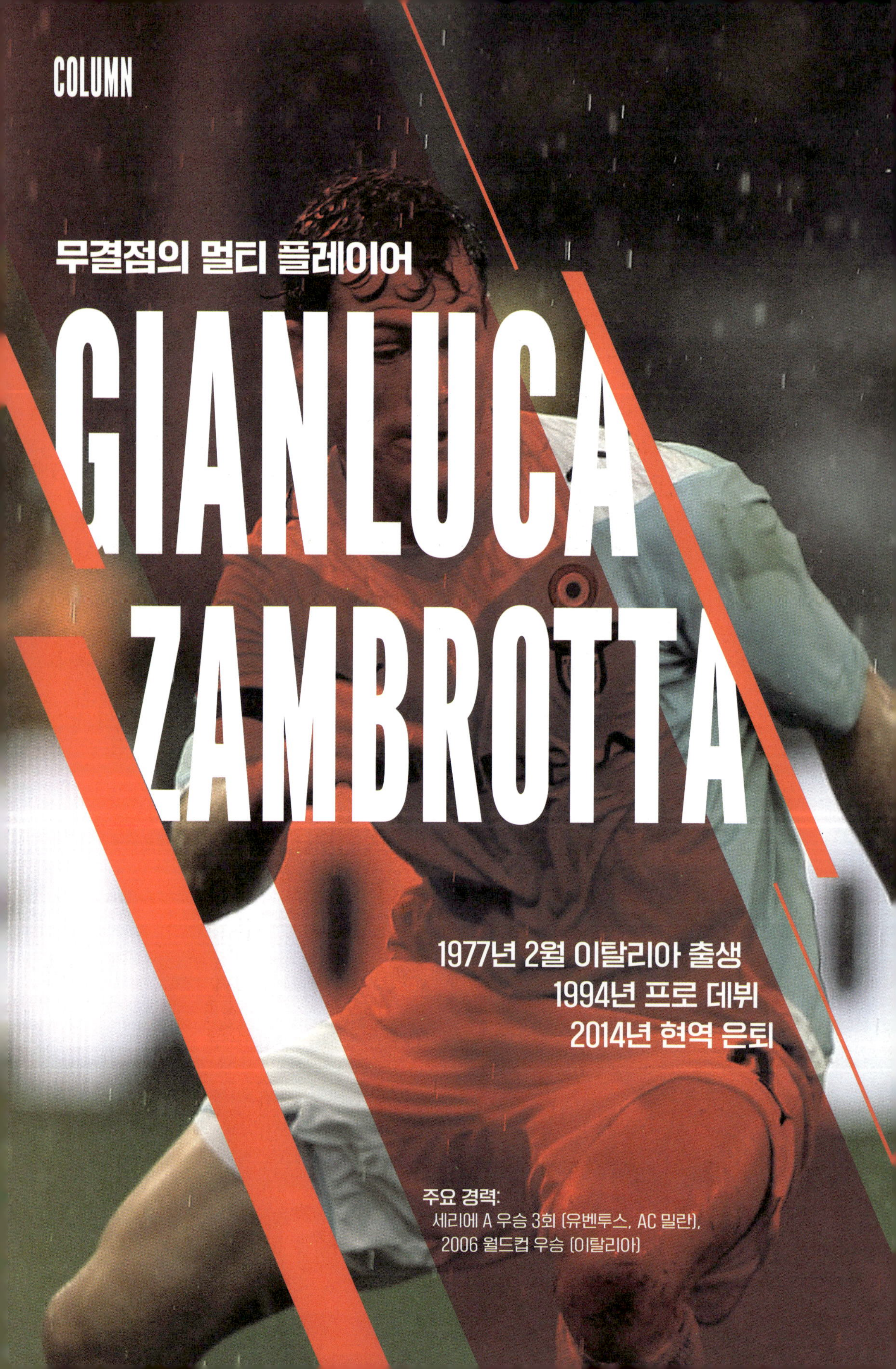

COLUMN

무결점의 멀티 플레이어

GIANLUCA ZAMBROTTA

1977년 2월 이탈리아 출생
1994년 프로 데뷔
2014년 현역 은퇴

주요 경력:
세리에 A 우승 3회 (유벤투스, AC 밀란),
2006 월드컵 우승 (이탈리아)

감독이 별다른 고민 없이 선발 명단에 가장 먼저 이름을 적는 선수. 양쪽 측면 모두에서 팀에 필요한 역할을 해낼 수 있는 만능열쇠. 이는 잠브로타에 대한 축구계의 공통된 의견이다. 유벤투스에서 그를 지도했던 세계 최고의 명장 중 하나로 꼽히는 카를로 안첼로티 감독 또한 "한마디로 잠브로타는 완벽한 선수입니다. 어떤 포지션에서도 훌륭한 활약을 해낼 수 있죠."라는 찬사를 보낸 바 있다. 고향 팀인 코모에서 프로 생활을 시작한 잠브로타는 최전방 공격수로 데뷔했으나, 자신의 골 결정력이 프로 수준에서 통할 만큼 뛰어나지 않다는 것을 빠르게 깨닫고 장점인 빠른 발과 드리블 능력을 살려 측면 미드필더로 변신에 성공했다. 비록 코모가 3부 리그인 세리에 C에 속한 팀이었음에도 잠브로타가 측면에서 보여주는 에너지는 상위 리그 감독들의 눈길을 사로잡았고, 세리에 A로 승격하게 된 바리의 유제니오 파스케티 감독이 그를 영입해 전폭적인 신뢰를 보내며 많은 경기에 활용하기 시작했다. 승격 팀이라는 바리의 상황과 유망주 육성에 능한 파스케티 감독을 만난 것은 잠브로타의 발전에 기폭제가 됐다. 당시 스무 살도 되지 않았던 잠브로타에게는 1부 리그에서의 경험이 절실하게 필요했는데, 파스케티는 일찌감치 잠브로타의 뛰어난 전술 이해도와 다재다능함을 알아보고 양쪽 측면 미드필더와 풀백 역할을 모두 맡기며 많은 출전 기회를 준 것이다. 게다가 전술 싸움이 어떤 리그보다 치열한 세리에 A에서 파스케티는 선수에게 자유로운 플레이를 펼칠 수 있도록 풀어주는 감독이었다. 그 덕분에 잠브로타는 주체적으로 경기 상황을 판단해서 움직이는 선수가 됐고, 다양한 포지션까지 소화하면서 원래도 뛰어났던 전술 이해도가 크게 발전했다. 이러한 모습을 지켜본 이탈리아의 여러 빅 클럽들이 관심을 표시했지만, 잠브로타는 곧바로 이적하는 대신 바리에 잔류해 경험을 더 쌓는 쪽을 선택했다. 그리고 이는

옳은 선택이었다. 공격진의 에이스인 니콜라 벤톨라가 인테르로 이적한 이후 잠브로타는 그의 공백을 메우면서 최고 수준의 활약을 펼치기 시작했고, 전반기 인테르와의 맞대결에서는 선제골을 터뜨리며 바리의 3-2 승리를 이끌기도 했다. 이러한 활약이 디노 조프 감독의 눈에 띈 덕분에 잠브로타는 바리가 50년 만에 처음으로 배출한 이탈리아 국가대표 선수가 되는 영광을 안았다. 대표팀 승선까지 이뤄내자 더 이상 바리가 잠브로타를 지키기는 어려운 상황이 됐고, 결국 유벤투스가 시즌 도중에 일찌감치 협상을 마무리하며 1999년 여름 잠브로타를 영입하기로 합의했다.

유벤투스 입단 첫 시즌에는 새로운 역할이 기다리고 있었다. 잠브로타는 양쪽 측면은 물론이고 중앙 미드필더로도 기용돼 빠른 발로 박스 투 박스 역할을 성실하게 수행하며 투지 넘치는 플레이로 팬들의 마음을 사로잡았다. 그러나 시즌의 가장 중요한 경기인 세리에 A 최종전 페루자 원정은 잠브로타 경력 최악의 순간이 되고 말았다. 유벤투스는 2위 라치오에 승점 1점 차로 앞선 선두였고, 페루자를 상대로 반드시 승리를 거둬야만 자력 우승이 가능한 상황이었다. 잠브로타는 벤치에서 경기를 시작했고, 유벤투스는 후반 4분 선제골을 실점한 이후 공격에 활력을 불어넣기 위해 후반 21분 잠브로타를 교체로 투입했다. 그런데 잠브로타는 7분 사이에 두 번의 옐로카드를 받으며 퇴장을 당하고 말았고, 유벤투스는 그대로 0-1 패배를 기록하며 최종전에서 레지나를 3-0으로 꺾은 라치오에 역전 우승을 내주게 됐다.

이어진 2000-01 시즌에도 유벤투스는 세리에 A 2위에 그쳤고, 챔피언스리그에서는 조별 라운드도 통과하지 못하는 실망스러운 성적을 기록하고 말았다. 이에 카를로 안첼로티 감독이 떠나고 마르첼로 리피 감독이 새로 지휘봉을 잡게 됐으며, 팀의 에이스 지네딘 지단을 당시 역대 최고 이적료에 레알 마드리드로 떠나보낸 대신 파벨 네드베드, 잔루이지 부폰, 릴리앙 튀람을 영입해 팀을 개편했다.

그리고 맞이한 2001-02 시즌, 잠브로타는 오른쪽 측면 미드필더로서 풀백 튀람과 좋은 호흡을 선보이며 왼쪽 측면의 네드베드와 함께 완벽한 균형을 이뤘고, 공격진에서 다비드 트레제게와 알레산드로 델 피에로 모두가 폭발적인 득점력을 선보이면서 유벤투스는 마침내 세리에 A 정상에 오르게 됐다. 이때까지만 해도 잠브로타는 오른쪽 측면만이 아니라 왼쪽 측면과 중앙에도 기용됐고, 미드필더뿐만 아니라 풀백으로도 활약을 펼치며 팀에 필요한 역할이면 무엇이든 소화해냈다. 성공적인 시즌 이후 치른 2002 한일 월드컵은 또 한 번의 시련이었다. 이탈리아 대표팀은 16강에서 대한민국에 연장전 골든 골을 내주며 1-2로 역전패를 당해 탈락했고, 중앙 미드필더 역할을 수행하던 잠브로타는 후반 도중 내전근 부상으로 교체되어 나가며 씁쓸하게 대회를 마무리했다. 소속팀 유벤투스에서도 주 포지션이었던 오른쪽 측면에 마우로 카모라네시가 영입되면서 경쟁이 불가피했다. 잠브로타가 부상에서 돌아오자 리피 감독은 카모라네시와 잠브로타를 동시에 기용하고 싶어 고민에 빠졌다. 결론은 유벤투스의 측면 중 가장 취약한 포지션이었던 레프트백으로 잠브로타를 기용하는 것이었다. 과거에도 필요한 상황에는 레프트백을 소화한 적은 있었지만, 전문적으로 이 포지션을 꾸준하게 소화한 적은 없었기 때문에 이는 잠브로타에게도 새로운 도전이 됐다. 그리고 그 도전은 유벤투스와 이탈리아 대표팀 모두에 긍정적인 결과가 됐다. 마침내 뛰어난 공격력을 갖춘 믿음직한 레프트백을 보유하게 됐기 때문이다. 이에 대해 잠브로타는 "리피 감독이 포지션 변화를 권유하셨을 때 기술적으로도 그리고 전술적인 움직임도 새로 익혀야 했습니다. 미드필드와 공격 지역에서 오랫동안 활약했기 때문에 기존의 풀백들보다는 공격적인 접근을 할 수 있었어요. 측면 공격수로 뛸 때는 상대 골문을 등진 채로 패스를 받을 때도 많았는데, 풀백이 되어서는 제가 뛰어다닐 공간이 경기장 전체로 넓어졌기 때문에 완벽한 역할이었습니다."라며 새로운 역할을 반겼다. 풀백이야말로 잠브로타의 다재다능함을 모두 보여줄 수 있는 최고의 포지션이었다. 탁월한 크로스, 지칠 줄 모르는 체력, 강인한 신체를 바탕으로 한 경합, 지능적인 수비까지. 잠브로타가 풀백으로 뛴 네 시즌 중에 유벤투스는 세 시즌이나 세리에 A 정상에 올랐으나, 칼치오폴리 스캔들로 훗날 두 번의 우승이 박탈되고 말았다. 그리고 그 징계로 유벤투스가 세리에 B 강등을 맞이하게 되면서 잠브로타는 바르셀로나로 이적을 선택하게 됐다. 이탈리아 축구계가 최악의 위기에 빠진 상태에서 맞이한 2006년 여름, 이탈리아 대표팀은 어느 때보다 강력한 결속을 바탕으로 독일 월드컵에 임했다. 당시 감독은 잠브로타를 풀백으로 완성시킨 리피였기 때문에 중용되는 것은 당연했고, 레프트백 자리에는 파비오 그로소라는 좋은 선수가 있었기 때문에 잠브로타는 라이트백 역할을 맡았다. 대회 내내 이탈리아의 수비는 완벽했다. 결승까지 일곱 경기를 치르면서 실점은 단 두 골에 불과했고, 토너먼트 단계에서는 16강-8강-준결승 세 경기를 모두 무실점으로 마쳤다. 우크라이나와의 8강전에서는 잠브로타의 활약이 특히 도드라졌는데, 라이트백과 측면 미드필더 역할을 모두 소화하며 1골 1도움을 올린 것은 물론 골문 바로 앞에서 상대의 슈팅을 막아내는 환상적인 수비까지 선보였다. 이탈리아는 결승에서 프랑스를 승부차기 끝에 따돌리고 감격적인 우승을 차지했고, 이는 잠브로타의 선수 경력에서도 정점이었다고 할 수 있다. 이후 바르셀로나에서는 부상에 시달리고 팀 자체도 부진에 빠지면서 잠브로타는 2년 만에 다시 세리에 A 무대로 돌아와 AC 밀란에서 선수 생활의 황혼기를 보냈고, 이탈리아 대표팀에서는 꾸준하게 주전으로 활약하며 A매치 98경기에 출전했다. 그리고 34세의 나이에는 비록 팀에서 주전은 아니었음에도 노련한 수비로 밀란의 세리에 A 우승에 힘을 보탠 이후 35세의 나이로 현역에서 은퇴했다. 최근에는 인버티드 풀백에게 다재다능한 능력이 당연한 듯 요구되고 있지만, 그 선구자는 분명 잠브로타였다.

BECOMING

리버풀의 숙원,
프리미어리그 챔피언 등극

리버풀은 2년 연속으로 챔피언스리그 결승에 진출하며 유럽 최강의 전력을 증명했고, 결국 우승까지 차지하며 클롭 감독 체제에서 첫 트로피도 들어 올려 2018-19 시즌의 마무리를 최고의 분위기에서 할 수 있었다. 유일한 아쉬움은 프리미어리그였다. 완벽에 가까운 시즌을 보냈음에도 승점 1점 차이로 맨시티에 밀려 2위에 그친 아픔은 분명 컸다. 특히나 리버풀의 마지막 리그 우승이 프리미어리그가 출범하기도 전인 1990년이었다는 사실은 2019-20 시즌의 최우선 목표를 더욱 확고하게 했다. 이제 리버풀은 반드시 프리미어리그 우승을 차지해야 했다.

CHAMPIONS

> "아놀드가 라이트백이라고 하는데 실상은 풀백이 아닌 것 같은 활약을 합니다. 21살에 불과한 선수가 자신의 재능으로 기존의 포지션 역할을 파괴하고 새롭게 정의한 거죠."

- 가디언 취재 기자의 찬사

INVERTED FULL-BACK

구단과 팬들의 숙원을 풀겠다는 리버풀 선수들의 각오는 대단했고, 아놀드의 경우는 더욱 특별한 투지를 불태우는 게 당연했다. 이렇게 뜨거운 분위기는 시즌 초반부터 압도적인 결과로 이어졌다. 리버풀은 개막전에서 노리치 시티를 홈으로 불러들여 4-1 대승을 거두며 유럽 챔피언의 위세를 과시했다. 전반에만 네 골을 퍼부어 일찌감치 승부를 갈랐고, 적극적으로 공격에 가담하던 아놀드는 하프 스페이스에서 정확한 패스를 박스 안으로 연결해 팀의 네 번째 골이자 챔피언스리그 우승의 영웅 오리기의 첫 골에 도움을 기록하며 쾌조의 출발을 알렸다. 리버풀은 2라운드에서 사우샘프턴을 2-1로 제압하며 리그 선두에 올랐고, 연승 행진이 계속해서 이어지며 일찌감치 독주 체제를 공고하게 했다. 그 과정에서 아놀드는 중요한 경기마다 최고의 활약을 펼쳤다. 아스널을 상대한 홈 경기에서 리버풀은 초반부터 연이은 실수로 위기를 맞았으나, 결국 코너킥에서 아놀드가 올린 크로스가 조엘 마팁의 선제골로 연결되며 분위기를 바꾸고 3-1 승리를 거둘 수 있었다. 첼시 원정에서는 아놀드의 시즌 첫 골이 나왔다. 전반 14분 만에 마네가 페널티 지역 바로 앞에서 얻어낸 프리킥 기회. 살라가 밀어준 공을 아놀드가 벼락같은 슈팅으로 연결해 첼시의 골망을 흔들었다. 수비벽에 시야가 가리지 않았는데도 상대 골키퍼인 케파 아리사발라가가 손을 쓸 수 없을 정도로 슈팅의 위력은 강력했고, 궤적 또한 골대 상단 구석을 찌른 멋진 골이었다. 곧이어 전반 30분에는 레프트백인 로버트슨이 프리킥 상황에서 올린 크로스를 피르미누가 헤더로 받아 넣었고, 리버풀은 리드를 잘 지킨 끝에 2-1로 승리를 거두며 프리미어리그 개막 6연승에 성공했다. 이미 2위 맨시티와의 승점 차이는 5점으로 벌어지기 시작했다. 아놀드와 로버트슨이 말 그대로 '날뛰기' 시작한 것은 클롭 감독의 전술적인 조정 덕분이었다. 수비 균형에 신경을 썼던 이전 시즌보다 더욱 공격적인 자세로 전방 압박을 가했고, 그로 인해 하프 스페이스와 측면에서 풀백들의 공격 능력이 더욱 중요해졌다. 공격 시에는 골키퍼인 알리송부터 후방 빌드업에 가담해 수적 우위를 점하며 상대를 끌어들였고, 아놀드의 최대 무기인 강력한 킥 능력은 한 번의 장거리 전환 패스로 활용됐다. 미드필더들은 물론이고 최전방 공격수인 피르미누까지 후방으로 내려와 중원 싸움에 가담하는 사이 풀백들은 전진해 마무리 패스나 슈팅으로 득점 기회를 노릴 수 있었다. 그 결과 아놀드와 로버트슨은 리버풀의 가장 강력한 무기가 됐다. 실제로 프리미어리그에서 아놀드의 기회 창출은 2018-19 시즌 48회에서 2019-20 시즌 78회로 크게 늘어났다. 극적인 역전승을 거둔 아스톤 빌라 원정은 두 풀백이 보여준 활약의 정점이었다. 전반 세트피스 상황에서 마크할 상대를 놓쳐 선제골을 실점한 리버풀은 막바지까지 0-1로 끌려가고 있었다. 리그 첫 패배가 임박한 상황에서 팀을 구한 것은 로버트슨과 아놀드였다. 후반 42분 마네가 오른쪽에서 크로스를 올렸고, 왼쪽 측면에서부터 쇄도하던 로버트슨이 상대 수비 뒤로 돌아 뛰는 영리한 움직임 끝에 헤더로 연결해 골을 터트리며 승부를 원점으로 돌렸다. 그리고 후반 추가 시간 4분에는 코너킥에서 아놀드가 올린 크로스를 마네가 감각적인 백 헤더로 받아 넣어 짜릿한 역전극을 장식했다. 이 경기에서 아놀드는 팀이 흔들리는 상황에서도 눈에 띄는 활약을 펼치며 어린 나이에 이미 리더 중 하나로 성장한 모습을 보여줬다. 침착함, 시야, 기술적인 능력 모두 흠잡을 데가 없었다. 아놀드는

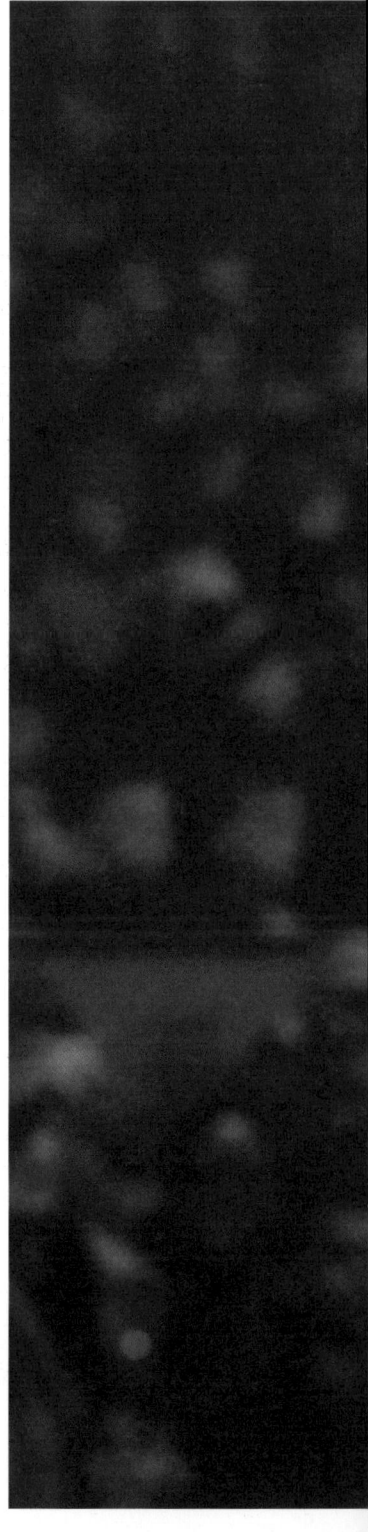

이전 시즌 12도움으로 프리미어리그 수비수의 한 시즌 최다 도움 신기록을 작성했지만, 그것이 한계가 아니었다. 브라이튼과의 맞대결에서는 프리킥과 코너킥에서 한 번씩 정확한 크로스로 판 다이크의 두 골에 모두 도움을 기록하며 리버풀의 2-1 승리를 이끌었다. 이어서 5-2로 대승을 거둔 에버턴과의 머지사이드 더비에서는 상대 세트피스 공격 이후 역습 상황에서 빠른 질주에 이은 영리한 패스로 마네의 골에 도움을 기록한 것은 물론이고, 정확한 장거리

리버풀은 시즌 도중 클럽 월드컵에 참가해 우승을 차지하고 돌아오는 힘든 일정을 소화하고 있었고, 당시 2위를 기록 중이던 레스터를 상대하는 경기이기에 난관이 예상됐다. 리버풀은 기대 이상의 경기력으로 상대를 압도했음에도 다소 지친 공격진의 결정력이 평소보다 떨어져 전반 중반까지 승부는 0의 균형을 유지하고 있었다. 그러던 전반 31분, 리버풀의 코너킥 공격 이후 흘러나온 공을 잡은 아놀드는 상대 수비가 뒤로 물러나 있는 상황이었음에도

패스로 공격 전환을 이끌며 "센세이셔널한 패스 능력을 보여줬다."라는 클럽 감독의 찬사를 이끌어내기도 했다. 이 정도의 활약이면 프리미어리그 내에서 공격 전개와 기회 창출 능력으로 아놀드보다 나은 선수는 맨시티의 케빈 데 브라이너 정도가 유일했다. 그런데 데 브라이너는 공격형 미드필더인 반면 아놀드는 라이트백이다. 아놀드라는 특별한 존재는 리버풀에 너무나 많은 선택지를 열어줬다. 4-0으로 대승을 거둔 레스터 시티 원정은 화룡점정이었다.

수비진 뒷공간과 골키퍼 사이의 좁은 공간으로 감겨 들어가는 정확한 크로스를 올려 피르미누의 선제 결승골에 도움을 기록했다. 후반의 활약은 더욱 폭발적이었다. 아놀드가 찬 위협적인 코너킥을 막으려던 상대 수비가 공을 손으로 건드려 페널티킥으로 두 번째 골을 내줬고, 아놀드는 리버풀이 2-0으로 앞선 상황에서도 적극적으로 공격에 가담해 오른쪽 측면에서 패스를 이어받아 상대 수비 일곱 명을 지나치는 낮고 빠른 크로스로 피르미누의 추가

골에 또다시 도움을 올렸다. 그리고 역습 상황이 오자 자기 진영에서부터 누구보다 빠르게 달려 나가 사디오 마네의 패스를 강력한 논스톱 슈팅으로 연결해 골을 터트리며 4-0 대승의 대미를 장식했다. 1골 2도움에 페널티킥 유도까지 해내며 경기를 지배하는 활약을 지켜본 잉글랜드 언론들은 아놀드가 현존 최고의 라이트백이 분명하다고 의견을 모았다. 가디언의 취재 기자는 "아놀드가 라이트백이라고 하는데 실상은 풀백이 아닌 것 같은 활약을 합니다. 21살에 발휘해 어떻게든 승리를 가져오는 클러치 능력이 탁월했다. 그리고 아놀드는 그 중심에 있었다. 맨유와 울버햄튼을 상대로 도움을 기록했고, 웨스트햄과의 맞대결에서는 2도움을 올려 3-2 승리에 결정적인 역할을 해냈다. 공격수가 달려 들어가면서 제대로 건드리기만 하면 골이 될 정도의 크로스가 계속해서 이어졌다. 그 덕분에 리버풀은 리그 첫 27경기에서 26승 1무를 기록하는 기염을 토하며 유럽 축구 역사상 가장 압도적인 시즌을 보냈다. 리버풀이 우승을

불과한 선수가 자신의 재능으로 기존의 포지션 역할을 파괴하고 새롭게 정의한 거죠."라는 찬사를 보냈고, 아놀드 자신도 "이동 거리가 많고 일정이 힘들었는데도 정말 좋은 경기를 펼쳤습니다. 시즌 최고의 경기였고 네 골이나 득점한 건 자랑스러운 일입니다."라며 기쁨을 감추지 않았다. 이 승리로 16점 차 리드를 잡은 리버풀을 막을 수 있는 팀은 더 이상 없었다. 무실점 승리를 거두는 경기가 많았고, 위기가 왔을 때도 결국에는 상대보다 더 뛰어난 집중력을 향해 순항하고 있던 가운데 누구도 생각하지 못한 변수가 시즌을 중단시켰다. 코로나 감염증의 전 세계적인 유행으로 유럽 축구가 모두 멈춘 것이다. 하필 멈추기 직전의 마지막 경기가 리버풀과 아틀레티코 마드리드의 챔피언스리그 16강 2차전이었다. 리버풀은 조별 라운드에서 1위를 기록했으나, 16강에서 난적 아틀레티코를 만나는 불운을 맞이했다. 그리고 1차전 원정 경기에서 0-1로 패해 2차전 홈 경기에서 다시 한번 '안필드 매직'이 필요한 상황이었다.

INVERTED FULL-BACK

그러나 경기 전부터 분위기는 어수선했다. 아틀레티코 팬들이 스페인을 떠나 잉글랜드로 이동해도 되는지부터가 논란이 됐고, 결국에는 3천여 명의 원정 팬들이 안필드를 찾았으나 전염병 전파에 대한 우려는 여전했기에 경기가 평소와 같이 진행되기는 쉽지 않았다. 집중하기 힘든 환경에서도 리버풀은 수비적으로 나온 아틀레티코를 상대로 시종일관 압도적인 경기를 펼쳤고, 아놀드 또한 오른쪽 측면에서 활발한 공격 가담과 연계 플레이로 득점 기회 창출에 힘을 보탰다. 결국, 전반 43분 만에 오른쪽 측면에서 아놀드의 패스를 이어받은 옥슬레이드-체임벌린이 크로스를 올렸고, 이를 조르지뇨 바이날둠이 정확한 헤더로 연결하며 16강의 승부를 원점으로 돌리는 골을 터트렸다. 후반의 경기 흐름도 다르지 않았지만 문제는 골 결정력과 상대 골키퍼 얀 오블락의 선방 행진이었다. 리버풀은 이 경기에서 무려 34개의 슈팅을 시도했고, 이 중 골문 안으로 향한 유효 슈팅만 해도 11개에 달했다. 끝내 승부를 뒤집은 것은 정규 시간이 지난 연장전이었다. 연장 전반 4분, 이번에도 오른쪽 측면 공격이 시발점이 됐다. 첫 골의 주인공이었던 바이날둠이 이번에는 측면 돌파 이후 크로스로 결정적인 득점 기회를 만들어냈고, 이를 받은 피르미누의 헤더 슈팅은 골대를 맞고 나왔으나, 다행히도 공은 다시 한번 피르미누의 앞으로 떨어져 빈 골대에 침착한 마무리로 골을 터트릴 수 있었다. 그러나 끓어올랐던 안필드의 분위기는 바로 다음 순간 차갑게 식었다. 시즌 내내 승승장구해 왔기 때문에 자신감이 지나쳤던 탓인지 아놀드가 건넨 백패스를 받은 아드리안 골키퍼가 부주의한 패스로 상대에게 공을 헌납했고, 아틀레티코가 승부를 뒤집기 위해 조커로 투입한 마르코스 요렌테의 정확한 오른발 슈팅이 리버풀의 골망을 흔들며 8강 진출의 주인공이 누가 될지는 알 수 없게 됐다. 선수들의 체력이 거의 바닥 난 가운데 연장 막판으로 갈수록 불리한 팀은 리버풀이었다. 전력을 다해 공격을 주도하다가 제대로 마무리를 못 하더라도 곧바로 전방 압박을 통해 다시 공을 되찾아 기회를 만들곤 했는데, 발이 느려져 압박이 불가능해지면서 곧바로 아틀레티코의 역습 기회가 만들어지기 시작했다. 그리고 연장 전반 종료 직전, 역습 상황에서 알바로 모라타의 패스를 이어받은 요렌테가 또다시 오른발 감아차기로 정확한 슈팅을 리버풀 골문 안에 꽂아 넣었다. 리버풀의 힘은 연장 전반에 모두 소진된 듯했다. 후반 들어서는 결정적인 득점 기회를 만들지 못했고, 또다시 아틀레티코가 역습 상황에서 요렌테와 모라타 콤비가

발이 느려진 리버풀 수비 다섯을 따돌리는 영리한 원투 패스 움직임으로 완벽한 일대일 기회를 만들어 모라타가 승부에 쐐기를 박는 골을 터뜨렸다. 끝내 리버풀의 2-3 역전패, 원정과 홈 경기에서 모두 한 골 차로 패하며 8강 진출이 좌절되고 말았다. 이전 두 시즌 모두 결승까지 올랐던 리버풀이기에 16강 탈락은 너무나도 아쉬운 결과였지만, 해당 시즌 리버풀의 최우선 목표는 어디까지나 프리미어리그 우승이었다. 잉글랜드 국내 컵 대회는 FA컵과 리그컵 모두 아놀드가 단 한 경기에도 출전하지 않은 채 탈락을 맞이했다. 애초에 클럽 월드컵 참가 때문에 제대로 된 전력을 내세울 수조차 없는 상황이었다. 리버풀과 아틀레티코의 챔피언스리그 16강 2차전을 끝으로 유럽 축구의 시계는 멈췄다. 축구를 넘어 모든 것들이 멈출 정도의 전 지구적인 재난 상황이었기에 기다림 외에는 할 수 있는 일이 없었다. 안타깝게도 상황은 곧바로 호전되지 않았고, 기다림이 지나치게 길어지자 네덜란드 에레디비지의 경우 구단들의 동의를 받아 4월 초에 우승과 강등팀을 결정하지 않은 채로 시즌을 마무리하기로 했다. 이때 선두 아약스와 동률의 승점으로 2위를 달리고 있던 AZ 알크마르의 감독이 바로 훗날 클롭의 후임으로 리버풀의 지휘봉을 잡게 되는 아르네 슬롯이다. 에레디비지의 경우 우승 팀을 가릴 수 없는 상황이었지만 프리미어리그의 사정은 달랐다. 시즌이 중단될 시점에 29라운드까지 진행된 상태였고, 선두 리버풀은 27승 1무1패, 82점의 승점으로 2위 맨시티에 무려 22점이나 앞서 있었기에 설령 시즌을 그대로 끝낸다고 하더라도 우승 트로피가 주어지는 게 당연할 정도였다. 그리고 시즌을 마지막까지 진행하겠다는 협회와 구단, 영국 정부의 의지도 강력했다. 그 결과 안전하게 시즌을 재개할 수 있도록 '프로젝트 리스타트'가 가동됐고, 각 팀은 최소 인원 접촉과 백신 접종이라는 규율을 지키며 6월 들어 시즌을 재개할 수 있었다. 다만, 경기장에 팬들의 출입은 통제돼 안필드의 관중석은 대형 걸개들로 덮였다. 아놀드는 당시 "리버풀 시민 모두가 예상하지 못한 재난이었습니다. 하지만 시즌을 중단하고 락다운(외출, 모임 금지)에 돌입한 건 당연한 일이었어요. 의료 기관에서 애를 쓰시는데 도움이 되고 싶은 마음뿐이었습니다. 먹을 음식이 부족한 계층을 지원하기 위해 정부에서도 노력했고, 저도 모금 운동을 통해 돕고 싶었습니다. 집에 머무르면서도 제대로 영양소를 섭취하고 활동을 하며 건강하게 지내야죠. 이런 메시지를 전파하고 힘을 보태는 게 아주 중요했습니다."라며 지역 사회의 일원으로서 역할을 다하는 한편, 눈앞으로 다가와 있던 프리미어리그 우승에 대해서는 "프리미어리그 우승을 차지하는 순간을 정말 많이 생각했고, 그게 큰 동기부여가 됐습니다. 너무나 오래 기다렸던 특별한 업적에 도달하기 직전이라는 걸 모두가 느끼고 계실 겁니다. 기다린 가치가 충분했으면 좋겠네요."라며 기대를 숨기지 않았다. 마침내 재개된 시즌, 머지사이드 지역 라이벌인 에버턴을 상대한 원정 경기에서는 오랜 휴식 탓에 선수들의 실전 감각이 완전하지 않은 게 당연했고, 경기는 0-0 무승부로 막을 내렸다. 하지만 리버풀이 시즌 중단 이전의 위용을 되찾는 데는 오랜 시간이 필요하지 않았다. 바로 다음 경기인 크리스탈 팰리스와의 홈 맞대결에서는 4-0 대승을 거둔 것이다. 아놀드는 전반 23분 찾아온 프리킥 기회에서 상대 수비벽을 넘겨 골문 오른쪽 상단 구석을 찌르는 강력한 슈팅으로 선제 결승골을 터뜨렸다. 이 경기를 취재한 BBC의 담당 기자는 "무관중으로 치러진 안필드에서의 경기는 현실적인 경험이었습니다. 축구는 이런 환경에서 하는 스포츠가 아니라는 생각이 들고 관중들이 가득 차서 떠들썩한 분위기였다면 어땠을까 싶어 아쉽지만, 리버풀이 환상적인 경기를 펼친 건 분명합니다."라고 전했다.

리버풀이 환상적인 승리를 거둔 다음 날, 2위를 달리고 있던 맨시티가 첼시 원정에서 1-2로 패하면서 산술적으로 리버풀의 프리미어리그 우승이 확정됐다. 시즌 종료를 일곱 경기나 남겨뒀다는 점에서는 대회 역사상 가장 이른 시점의 우승이었고, 날짜상으로는 6월 말이었으니 (보통 시즌은 5월 말에 종료된다) 역대 가장 늦은 시점의 우승이 된 특별한 기록이 작성됐다. 리버풀의 1부 리그 30년 만의 우승과 어울리는 기록이라고도 볼 수 있었다. 위르겐 클롭 감독은 리버풀의 우승이 확정되자 "믿을 수 없는 순간이라 말로 표현이 힘드네요. 제가 생각했던 것보다 훨씬 큰 기쁨입니다. 리버풀과 함께 우승을 차지하는 건 정말 대단한 일이에요. 구단의 전설인 케니 달글리시와 스티븐 제라드를 비롯해 리버풀의 모두를 위한 우승입니다. 제 선수들이 엄청난 성과를 이뤘고, 이들을 지도한 건 순수한 기쁨이었습니다."라고 소감을 밝혔다. 남은 경기들에서 리버풀의 동기부여는 프리미어리그 한 시즌 최다 승점 기록을 경신하는 것뿐이었지만, 팬들의 함성이 전혀 없는 기이한 분위기 속에서 이미 우승을 확정 지은 선수들이 힘을 짜내는 건 현실적으로 어려웠다. 결국, 리버풀은 마지막 일곱 경기에서 4승 1무 2패로 승점 13점만을 추가해 99점으로 맨시티가 2017-18 시즌에 수립한 승점 100점 기록에 단 1점 뒤처진 채 시즌을 마무리했다. 아놀드는 "코로나 감염증이 없었다면 한 시즌 최다 승점이든 최다 득점이든 존재하는 모든 기록을 갈아치웠을 텐데 운명이 아니었던 것 같습니다. 시즌 내내 리버풀의 경기력은 대단한 수준이었고, 이만한 팀을 다시 보기는 어려울 거예요. 아쉽지만 특수한 상황 속에서 저희는 전력을 다했습니다. 우승의 기쁨은 믿을 수 없을 정도였어요."라며 아쉬움과 기쁨을 동시에 드러냈다.

비록 리버풀 팀으로서는 기록 경신에 실패했지만, 아놀드는 5-3으로 승리를 거둔 첼시와의 맞대결에서 또다시 1골 1도움을 추가하는 활약을 펼치며 시즌 13도움으로 자신이 이전 시즌 세웠던 프리미어리그 한 시즌 수비수의 최다 도움 기록을 12에서 13으로 경신했다. 사실상 팀의 공격 전개를 주도하는 플레이메이커 수준의 활약을 시즌 내내 펼친 결과, 아놀드는 2019-20 시즌 선수 협회가 선정하는 잉글랜드 무대의 유망주로 선정되는 영예를 안았다. 당시 아놀드와

함께 후보에 오른 선수들은 첼시의 메이슨 마운트와 태미 에이브러햄, 맨유의 마커스 래시포드와 메이슨 그린우드, 아스널의 부카요 사카였다. 1974년부터 생긴 이 상을 받은 리버풀 선수로는 1982-83 시즌의 이언 러시, 1994-95 시즌과 1995-96 시즌의 로비 파울러, 1997-98 시즌의 마이클 오언, 2000-01 시즌의 스티븐 제라드가 있었다. 역대 수상자의 면면을 보면 대부분이 리버풀에서 레전드 반열에 오른 것을 알 수 있다 (오언은 훗날 리버풀의 가장 큰 앙숙 맨체스터 유나이티드에 입단해 배신자라는 오명을 피할 수 없게 됐다). 그리고 이들 중 유일하게 리버풀에 프리미어리그 우승을 안긴 선수가 바로 아놀드인 것이다. 아놀드는 "저를 직접 상대했던 선수들이 저에 대한 존중으로 투표를 해줘서 받은 상이기에 너무나도 의미가 크고 절대로 잊을 수 없을 수상입니다. 여기까지 제가 올 수 있도록 도와준 가족들과 친구들에게 가장 먼저 감사하죠. 경기에 패하고 돌아왔을 때도 제가 빨리 잊고 앞으로 나아갈 수 있도록 집중하게 도와주셨습니다. 10년 넘는 기간을 함께 보낸 리버풀 유소년팀의 모두에게도 감사합니다. 그분들이 지금의 저를 만드신 거죠. 그리고 제게 기회를 준 클롭 감독님, 우승을 가능하게 만들어준 동료들에게도 감사합니다. 이번 시즌의 성취는 믿을 수 없는 수준이었고, 앞으로도 이런 순간들이 많았으면 좋겠습니다."라고 수상 소감을 밝혔다. 수상 이후 아놀드에 대한 찬사가 쏟아졌다. 브라질의 전설적인 라이트백이었던 카푸는 "아놀드는 센세이셔널한 선수입니다. 계속해서 이런 수준의 활약을 펼친다면 세계 최고의 선수 중 하나라는 평가를 받게 될 거예요. 기술적으로 정말 뛰어나고 마치 브라질 선수처럼 공격적으로 플레이하기 때문에 보기가 즐겁습니다. 리버풀과 같은 훌륭한 팀에서 뛰는 것 또한 성장에 도움이 될 겁니다."라고 칭찬했다. 리버풀의 전설인 케니 달글리시와 마크 로렌슨은 "아놀드는 풀백으로서 새로운 경지를 보여준 선수입니다. 움직임, 스피드, 패스 능력 모두 최고 수준이죠. 특히 측면에서의 크로스는 굉장합니다. 고개를 들어 크로스를 올릴 지점을 확인한 뒤 정확한 킥을 구사하는 건 물론이고, 여유가 없어 보지도 않고 올리는 크로스마저도 위험 지역으로 날아가 상대 수비에 혼란을 초래합니다. 아놀드와 (레프트백인) 앤디 로버트슨은 아무리 칭찬을 받아도 부족할 정도입니다. 클롭 감독이 팀에 요구하는 플레이의 핵심이고, 두 풀백은 감독의 요구대로 꾸준한 활약을 보여줬습니다."라고 칭찬했다.

2019-20 리버풀 시즌 기록

프리미어리그 38경기 출전 중
35경기 선발 4골 13도움

챔피언스리그 7경기 중
6경기 선발 출전 1도움

선수 협회 선정
올해의 유망주

선수 협회 선정
올해의 팀

CLASS UNDER PRESSURE

위기 속에서 증명한 클래스

정상에 오르는 것보다 정상의 자리를 지키는 게 더 어렵다는 명제는 특히나 스포츠 세계에서 진리로 여겨진다. 리버풀은 챔피언스리그에서 준우승에 이어 우승, 프리미어리그에서 2위에 이어 우승을 차지하며 가장 중요했던 무대에서 모두 정상을 차지한 참이었다. 그 자리를 지키기 위해 지금까지 해왔던 것보다 더욱 전력을 다해야 하는 상황에서 운명의 장난처럼 여러 악재들이 발생했다. 우선은 코로나 감염증의 영향이 계속해서 이어졌다. 2020-21 시즌 막바지까지도 관중석이 텅 빈 상태에서 경기를 진행해야 했고, 유럽에서 가장 열광적인 응원을 보내주는 팬들을 보유한 리버풀 입장에서 이는 큰 핸디캡이라고 할 수 있었다. 특히나 클롭 감독의 전술은 선수들에게 엄청난 활동량을 바탕으로 강한 압박을 요구하는데, 조용한 경기장에서 선수들이 힘을 내기는 더 힘들 수밖에 없었다. 게다가 이전 시즌이 7월까지 진행되고, 새 시즌이 9월에 시작돼 평소보다 휴식 기간이 짧았기에 선수들이 몸 상태를 관리하기 어려운 여건이었다. 두 번째 악재는 부상 위기였다. 팀의 핵심 선수 두세 명에게 장기 부상이 찾아오는 것 자체도 재앙 같은 수준의 악재인데, 리버풀은 2020-21 시즌 센터백 세 명에게 장기 부상이 집중되는 최악의 불운이 찾아왔다. 프리미어리그에서 판 다이크는 다섯 경기, 조엘 마팁은 10경기, 조 고메스는 일곱 경기 출전에 그쳤을 정도다. 이 때문에 유망주에 불과하던 내서니엘 필립스, 리스 윌리엄스와 같은 선수들에게 기회를 주고 수비형 미드필더인 파비뉴를 센터백으로 기용하는 전술 조정까지 해야만 했다. 마지막 악재는 팀 구성원들에게 찾아온 개인적인

> 실망스러운 순간도 좋은 순간과 마찬가지로 똑같이 대해야 합니다.
> 곧 지나갈 일이니 그 순간에 집착하고 있을 필요는 없죠.
> 경기에서 이기든 지든 필요한 교훈을 얻고 다음 경기에 집중하면
> 됩니다.

- 리버풀의 2021 - 22시즌 종료 후

INVERTED FULL-BACK

비극이었다. 클롭 감독은 코로나 바이러스로 독일에 계시던 어머니를 잃는 아픔을 겪었고, 이동이 금지되어 있어 장례식에 참석할 수조차 없었다. 그로부터 한 달 뒤에는 주전 골키퍼 알리송 베케르의 부친이 수영 도중 사고로 세상을 떠나는 비극이 발생했고, 당시 알리송은 임신 중인 아내를 데리고 조국 브라질로 여행하는 위험을 감수할 수 없었기에 역시나 아버지의 장례식에 참석할 수 없었다. 2020-21 시즌은 리버풀에 축구 내적으로나 외적으로나 고통의 연속이었다. 시즌의 출발부터 분위기는 어수선했다. 승격팀인 리즈 유나이티드를 홈으로 불러들인 프리미어리그 개막전. 리버풀 수비진 전체의 컨디션은 완벽히 준비된 상태와는 거리가 멀어 보였다. 특히 아놀드는 상대 측면 공격수 잭 해리슨에게 너무 쉽게 돌파를 허용해 실점에 책임이 있었고, 공격에도 별다른 기여를 하지 못해 이 경기 최악의 선수로 꼽힐 정도였다. 다행히 공격진의 에이스 모하메드 살라가 해트트릭을 기록하는 활약을 펼친 덕분에 4-3 신승을 거두기는 했지만, 리버풀은 디펜딩 챔피언의 위용을 보여주는 데 실패했다. 아놀드가 이러한 부진에 빠진 데는 이유가 있었다. 프리 시즌 도중 코로나에 감염돼 한동안 훈련을 진행하지 못했고, 팀에 복귀해서는 전지 훈련을 떠난 오스트리아에서 다시 부상을 당하고 말았다. 정작 부상에서 회복하고 나서는 리버풀이 아닌 잉글랜드 대표팀에 차출돼 실전을 치러 미드필더 역할을 소화해야 했다. 그럼에도 새 시즌을 잘 치르겠다는 의지와 자신감을 나타냈던 아놀드지만 현실적으로는 역부족이었던 것이다. 이어진 경기에서 리버풀은 첼시를 2-0으로, 아스널을 3-1로 각각 꺾으며 평정을 되찾았다. 첼시 원정에서는 상대 수비수 안드레아스 크리스텐센이 전반 추가 시간에 퇴장을 당해 후반 들어 수적 우위를 점한 상태에서 사디오 마네의 두 골로 편안한 승리를 거둘 수 있었다. 이어 아스널과의 홈 경기에서는 선제골 실점 이후 역전승을 거뒀는데, 아놀드는 경기 내내 위협적인 크로스와 중거리 슈팅으로 상대를 위협한 끝에 로버트슨의 역전 결승 골에 도움을 기록했다.

상대 페널티 박스 안 위험 지역으로 정확하게 향한 라이트백의 크로스를 레프트백이 받아 넣은, 리버풀의 이전 시즌 최대 강점이 발휘된 장면이었다. 그러나 팀이 평정을 되찾는 듯했던 순간 모든 일이 잘못되기 시작했다. 리그 맞대결 이후 며칠 만에 아스널과 리그컵에서 재대결을 펼쳐 90분간 득점 없는 무승부를 기록한 뒤 승부차기에서 패해 탈락했고, 이어진 아스톤 빌라 원정에서는 무려 일곱 골을 헌납하며 2-7로 크게 패했다. 알리송 골키퍼가 어깨 부상으로 결장한 가운데 아드리안 골키퍼가 경기 시작부터 패스 실수로 선제골을 헌납했고, 이후 리버풀은 성급하게 반격에 나섰다가 오히려 엉성한 조직력으로 계속해서 추가 실점을 내주고 말았다. 빌라의 득점들이 리버풀 수비진을 맞고 굴절되어 들어간 경우가 여러 차례다 보니 불운한 패배였다고도 할 수 있지만, 라인을 높게 올렸다가 쉽게 역습 기회를 허용한 리버풀의 수비진도 비판을 피할 수는 없었다. 클롭 감독 또한 자신의 책임을 인정했다. 빌라 원정에서의 참패 직후 이어진 에버턴 원정은 리버풀의 시즌 자체를 망가뜨려 버린 경기가 되고 말았다. 안타까운 사실은 그것이 경기 내용 때문이 아니라 핵심 선수에게 찾아온 치명적인 부상으로 뼈아픈 전력 공백이 발생했기 때문이라는 것이다. 리버풀은 전반 3분 만에 로버트슨이 상대와의 경합에서 승리하며 박스 안으로 돌진해 이어준 패스를 사디오 마네가 받아

넣어 리드를 잡는 쾌조의 출발을 해냈다. 이후에도 리버풀은 공세를 이어가며 계속해서 공격 기회를 잡았고, 코너킥 상황에서 센터백인 판 다이크도 공격에 가담해 골을 노리고 있었다. 코너킥이 상대 수비를 맞고 흘러나오자 파비뉴가 이를 잡아 반대쪽 골대를 향해 크로스를 감아올렸고, 판 다이크가 쇄도하며 발을 갖다 대 골을 넣으려고 했다. 그 순간 에버턴의 조던 픽포드 골키퍼는 판 다이크의 슈팅 시도를 차단하려 뛰어나오더니 무릎을 향해 무리한 태클을 감행했고, 판 다이크는 그대로 쓰러져 십자인대가 끊어지는 부상을 당해 시즌을 일찌감치 마감하게 됐다. 리버풀은 시즌 초반부터 너무나 허무하게 세계 최고의 센터백을 잃고 말았다. 놀라운 사실은 살인 태클을 한 픽포드가 퇴장을 당하기는커녕 경고조차도 받지 않았다는 것이다. 단지 판 다이크가 아슬아슬하게 오프사이드 위치에 있었다는 납득할 수 없는 이유였다. 게다가 리버풀은 이 경기에서 두 번이나 앞서가는 골을 터트리고도 2-2 무승부에 그치며 승점까지 잃고 말았다. 에버턴의 두 번째 동점 골 장면에서는 아놀드의 뒷공간이 공략당해 상대의 크로스가 올라갔고, 장신 공격수 도미닉 칼버트-르윈이 헤더로 골을 터트렸다. 수비의 핵심 판 다이크가 빠진 상태에서 뛰어난 공중 경합 능력을 활용한 에버턴의 공격을 90분 내내 막아내는 것은 쉽지 않은 일이었다. 그나마 10월까지는 판 다이크의 부상 공백에 어느 정도 대처가 가능했고, 전력이 강한 상대를 만난 것도 아니었기에 리버풀은 프리미어리그와 챔피언스리그 모두에서 연승 행진을 기록하며 순항했다. 그런데 11월 들어 조 고메스마저 슬개건에 이상이 생겨 시즌을 마감하자 1군에 어느 정도 경험을 갖춘 전문 센터백은 조엘 마팁 한 명밖에 남질 않았다. 이에 클롭 감독은 수비형 미드필더 파비뉴를 센터백으로 기용해 수비진을 구축했고, 그 결과 팀의 경기력이 이전 시즌과 같지는 않았지만 그럭저럭 준수한 성적을 거두며 4위권 경쟁을 이어갈 수 있었다. 아놀드는 수비에 더 집중해야 했기 때문에 공격 기여도가 떨어지는 것은 어쩔 수 없었다. 그러던 중 아놀드마저도 종아리 부상으로 2주 이상 자리를 비우기도 했지만, 12월에는 개인적으로 소중한 순간이 찾아왔다. 미트윌란과의 챔피언스리그 원정 경기에서 주장 완장을 차고 선발로 출전한 것이다. 후반 들어 주장 조던 헨더슨이 교체로 투입되면서 완장을 넘겨주기까지 61분간 리버풀의 주장으로서 팀을 이끈 것은 22세에 불과하던 아놀드에게 특별한 경험임이 틀림없었다. 아놀드는 "최고로 자랑스러운 순간이었습니다. 저에게 주장을 맡겨주신 감독님과 코치진께 당연히 감사드리고, 앞으로 즐겁게 돌아볼 수 있는 추억이 된 것 같습니다. 챔피언스리그 경기에 나서는 것 자체가 늘 특별한 경험인데, 그 경기에서 주장이 되어 팀을 이끌고 입장한 것은 차원이 다른 특별함이었습니다."라고 소감을 밝혔다. 리버풀은 이 경기에서 로테이션을 가동하며 1-1 무승부를 거둬 4승 1무 1패의 성적으로 조별 라운드를 마치고 1위로 16강 진출을 확정 지었다. 리버풀에 최대의 위기가 찾아온 것은 2021년에 접어들어서였다. 조엘 마팁마저 사타구니 부상에 이은 발목 부상으로 시즌을 마무리하게 된 것이다. 1순위부터 3순위 센터백이 모두 시즌 아웃된 공백을 메우기 위해 유소년팀 출신으로 임대를 마치고 돌아온 리스 윌리엄스와 내서니엘 필립스를 기용해야 했고, 1월 이적 시장 마지막 날에는 샬케로부터 또 한 명의 젊은 수비수 외잔 카박을 임대로 데려왔는데 세 선수 모두 이 시즌 이후로는 리버풀에서 특별히 활약한 적이 없던 것을 보면 당시의 상황이 얼마나 열악했는지를 알 수 있다. 팀의 공수 균형이 망가진 상태에서도 기존의 전술을 고집하니 점차 결과가 나빠지는 건 당연했다. 68경기 무패 행진을 이어오던 프리미어리그 홈 경기에서 1월부터 3월 사이 6연패를 당하는 믿기 어려운 일까지 벌어졌다. 리버풀의 1부 리그 단일 시즌 홈 6연패는 최하위로 강등의 아픔을 겪었던 1953-54 시즌 이후 처음일 정도였다. 상대 팀은 자신 있게 리버풀을 공략하려 달려들기 시작했고, 이전 시즌에는 경기 막바지까지 포기를 모르고 어떻게든 승리를 쟁취하던 리버풀의 정신력은 전혀 찾아볼 수가 없었다. 텅 빈 안필드의 분위기 또한 선수들에게 위화감과 스트레스를 줬을 게 분명하다. 그 사이 FA컵에서는 숙적 맨유에 2-3으로 패해 일찌감치 탈락했고, 챔피언스리그에서도 8강에서 전통의 강호 레알 마드리드를 만나 원정 1-3 패배 이후 홈 경기 0-0 무승부로 탈락했다. 유일하게 남은 대회인 프리미어리그에서는 어느덧 8위까지 처져 다음 시즌 챔피언스리그 진출조차 어려워졌다. 상황이 이보다 더 나쁠 수는 없었다. 결국, 클롭 감독은 결단을 내렸다. 수비진의 전력 공백을 메우는 데 집중하느라 파비뉴를 내린 것이 팀 전체의 공수 균형에 문제를 초래했다고 진단하고, 경험이 부족한 센터백들을 믿는 대신 파비뉴를 원래 포지션인 수비형 미드필더로 되돌렸다. 대신에 평소보다는 압박의 강도와 수비 라인을 조금 낮춰 경기 내용보다는 결과를 따내는 데 전력을 기울였다. 그리고 그 효과는 확실했다. 울버햄튼 원정에서 1-0, 아스널 원정에서 3-0으로 연달아 무실점 승리를 거두며 분위기를 반전시킨 것이다. 기복이 심한 모습을 보이던 아놀드 또한 아스널전에서 디오구 조타의 선제 결승골에 크로스로 도움을 기록하며 폼을 끌어올리기 시작했다. 다음 경기는 아스톤 빌라와의 홈 맞대결, 리버풀은 홈 6연패로 더는 물러날 데가 없었고 상대는 전반기 맞대결 당시 7실점의 수모를 안겼던 빌라였기 때문에 선수들은 더욱 투지를 불태웠다. 그러나 빌라는 이번에도 호락호락한 상대가 아니었다. 경기 초반 리버풀의 공세를 잘 버텨낸 빌라는 전반 43분 존 맥긴의 침투 패스를 받은 올리 왓킨스가 슈팅을 시도했고, 알리송 골키퍼가 이를 제대로 막아내지

못해 리버풀은 허무하게 선제골을 내주고 말았다. 다행히 후반 들어 반격이 시작됐다. 반격을 이끈 것은 팀의 자랑인 두 풀백이었다. 후반 12분에는 앤디 로버트슨이 박스 안으로까지 침투해 강력한 슈팅을 시도했고, 상대 골키퍼가 막아낸 공을 살라가 리바운드로 밀어 넣어 동점을 만들었다. 클롭 감독은 이에 만족하지 않고 공격형 미드필더 티아고 알칸타라, 측면 공격수 제르당 샤키리를 연달아 교체로 투입하며 막판까지 역전을 노렸고 이것이 결국에는 효과를 발휘했다. 후반 추가 시간 1분, 샤키리의 크로스를 이어받은 티아고의 강력한 논스톱 슈팅이 상대 골키퍼의 선방에 막혔다. 그러나 상대 수비가 멀리 걷어내지 못한 공을 아놀드가 박스 바로 앞에서 잡았고, 문전이 혼란스러운 와중에도 골문 구석을 찌르는 정확한 슈팅으로 승부를 뒤집는 역전 결승골을 터트렸다. 아놀드는 "팀으로서나 저 개인적으로나 힘든 시기를 보냈는데, 부진에서 탈출하기 위해 많이 노력해 왔습니다. 역전 골을 터트리는 건 늘 기분 좋은 일이죠. 리버풀 선수들이 승부를 뒤집을 만한 투지를 보여줬다고 생각합니다. 극적으로 승리를 따내 정말 좋습니다."라며 시즌의 전환점을 마련한 기쁨을 감추지 않았다. 빌라전 역전승으로 리버풀은 홈 경기 6연패의 사슬을 끊었고, 시즌 첫 세 경기 이후 처음으로 리그 경기 3연승에 성공하며 다시 상승세를 타기 시작했다. 리버풀은 이 3연승을 포함해 시즌 마지막 10경기에서 8승 2무를 기록하는 기염을 토하며 순위를 8위에서 3위까지 급격하게 끌어올리는 데 성공, 극적으로 챔피언스리그 진출권을 따낼 수 있었다. 이 과정에서 또 하나 빼놓을 수 없는 경기가 바로 36라운드 웨스트 브롬 원정이었다. 그때까지 리버풀은 5위에 머무르고 있어 자력으로는 챔피언스리그 진출권을 확보할 수 없는 상황이었고, 후반 추가 시간 4분까지도 승부는 1-1로 균형을 유지해 리버풀로서는 실망스러운 결말을 앞두고 있었다. 절체절명의 상황에서 종료 직전 맞이한 마지막 코너킥 공격. 절박해진 리버풀은 알리송 골키퍼까지 공격에 가담해 골을 노렸고, 키커는 다름 아닌 아놀드였다. 빗속을 뚫고 날아간 아놀드의 크로스가 향한 곳은 바로 누구보다 높게 뛰어오른 알리송의 머리였다. 알리송의 헤더는 반대쪽 골문 안으로 향하면서 기적과 같은 역전 결승골이 됐다. 얼마 전 잃은 아버지를 추모하듯 하늘을 가리키는 알리송의 세리머니와 그를 얼싸안은 리버풀 선수들의 모습은 마치 영화의 한 장면 같았다. 지금까지도 알리송은 리버풀 역사에서 유일하게 골을 넣은 골키퍼로 남아 있다. 그리고 그 골은 리버풀의 4위권 진입에 결정적인 역할을 해냈다. 아놀드는 "알리송을 노리고 찬 크로스라고 거짓말을 할 수도 있지만 솔직히 그런 건 아니었습니다. 알리송의 헤더가 정말 훌륭했어요. 코너킥이라 정지된 공을 찼으니 기술적으로는 쉬운 크로스였는데, 당시 상황이나 그 골이 팀에 얼마나 큰 의미였는지 그 중요성을 생각하면 아마도 제 경력에서 가장 좋아하는 도움이 아닐까 싶습니다."라고 알리송의 골 장면을 회상했다. 2020-21 시즌은 우승을 차지한 팀을 제외하면 대부분의 축구 팬들에게 그다지 기억하고 싶지 않은 시기일 것이다. 경기장을 찾아 팀을 응원할 수도 없었고, 대부분의 팀과 선수들이 코로나 여파로 일관되게 최고의 경기력을 유지하기도 어려웠다. 특히나 리버풀은 센터백 포지션에 집중된 부상으로 이중고에 시달리며 최악의 위기를 겪었다. 아놀드도 예외 없이 컨디션 난조, 부상, 팀의 부진에 영향을 받아 어느 때보다 기복이 심한 모습을 보였지만 시즌 막바지 가장 중요한 순간마다 팀에 승리를 안기는 활약을 펼쳐 가치를 증명했다. 아놀드는 "시즌 막바지 4위권 이내에 진입하기 위해 정말 많이 노력했습니다. 우승을 목표로 했다가 무관으로 시즌을 마감한 건 실망스럽지만, 우리가 처했던 환경과 부상 악재들을 생각하면 프리미어리그 3위를 차지한 건 아주 좋은 성과죠. 고난이 너무 많은 시즌이었고, 전반기까지 1위를 달렸지만 후반기 들어 숨 가쁜 일정 속에서 좋은 흐름을 유지하지 못해 8위로까지 처졌습니다. 센터백 조합이 계속해서 바뀌는 가운데 호흡을 맞춰본 적 없는 선수들과 수비진을 구성해 경기를 치르는 건 굉장히 어려운 일이었어요. 그렇지만 시즌 막바지에는 수비진이 안정된 덕분에 챔피언스리그 진출권을 따낼 수 있었습니다."라고 어느 때보다 힘들었던 시즌을 돌아봤다. 시즌을 마친 뒤 유로 2020 본선 참가를 목표로 했던 아놀드는 아쉽게도 부상으로 잉글랜드 대표팀에 합류하지 못한 채 여름내 재활에 매진해야 했다. 마지막까지 힘들었던 기록을 뒤로하고, 다가올 2021-22 시즌에는 리버풀에서 다시금 성공을 거두겠다는 의지는 어느 때보다 강해질 수밖에 없었다. 아놀드는 "실망스러운 순간도 좋은 순간과 마찬가지로 똑같이 대해야 합니다. 곧 지나갈 일이니 그 순간에 집착하고 있을 필요는 없죠. 경기에서 이기든 지든 필요한 교훈을 얻고 다음 경기에 집중하면 됩니다. 너무 들뜨거나 가라앉지 말고 균형을 유지하는 게 중요해요. 발전을 기다리고만 있는 것과 발전을 해야 한다고 인식해서 움직이는 건 전혀 다른 일입니다. 특히나 높은 수준에 도달하게 되면 자신의 위치에 만족하기 때문에 발전에 대한 동기부여나 위기의식이 생기기가 더 힘듭니다. 그렇지만 누군가는 제 자리를 원하고 저와 같은 수준이 되기 위해 저보다 더 열심히 노력할 텐데, 그렇다면 저도 제 자리를 지키기 위해 싸우는 수밖에 없는 겁니다."라며 각오를 다졌다.

2020-21 리버풀 시즌 기록

프리미어리그 36경기 중
34경기 선발 2골 7도움

챔피언스리그 8경기
모두 선발 출전 2도움

FA컵 1경기
선발 출전

COLUMN

인테르의 전성기를 이끈 거인

MAICON

1981년 7월 브라질 출생
2000년 프로 데뷔
2021년 현역 은퇴

주요 경력:
브라질 세리에 A 우승, 코파 두 브라질 우승 (크루제이루),
이탈리아 세리에 A 4회 우승, 코파 이탈리아 2회 우승,
챔피언스리그 우승 (인테르), 2004 & 2007 코파 아메리카 우승

풀백은 민첩한 움직임이 요구되는 포지션이기 때문에 상대적으로 키가 크지 않은 선수들이 대부분이다. 그런데 마이콘은 185cm의 장신에 엄청난 신체 능력을 보유했음에도 라이트백 포지션을 소화했기 때문에 그와 맞서는 선수들은 도저히 뚫을 수 없는 벽과 같은 느낌을 받을 수밖에 없었다. 이러한 신체적 특징에 더해 선수 생활 내내 꾸준하게 팀을 떠받치는 활약을 펼친 덕분에 마이콘은 풀백으로서는 특이한 '거인'이라는 별명을 얻게 됐다. 마이콘은 브라질의 여느 아이들처럼 거리에서 축구를 시작해 화려한 개인 기술을 익혔고, 공격형 미드필더 포지션에서 활약하며 상대의 강한 압박에도 버텨내고 유려한 패스 전개를 통해 공격을 전개하는 장점을 보여줬다. 마이콘이 프로 경력을 시작한 크루제이루의 코치들은 마이콘의 강인한 체력과 빠른 스피드를 최대한 활용하길 원했고, 포지션을 공격형 미드필더에서 풀백으로 변경해 활용하기 시작했다. 비록 풀백으로 뛰기는 했지만, 수비적인 임무에 신경을 쓰기보다는 자유롭게 공격 본능을 발휘하며 두각을 나타낸 마이콘은 압도적인 신체 능력과 재능만으로도 브라질 무대를 휩쓸며 크루제이루에 리그 우승을 안겼고, 이에 유럽 구단들의 러브콜이 쏟아진 것은 당연한 일이었다. 유럽 무대에서 마이콘의 첫 소속팀은 프랑스의 AS 모나코였다. 모나코는 2003-04 시즌 챔피언스리그 결승전까지 진출하는 돌풍을 일으킨 팀이었고, 디디에 데샹 감독은 선수 육성은 물론 팀에 신구 조화를 이뤄 최고의 전력을 끌어내는 지도자로 명성을 떨치고 있었다. 2004년 여름 모나코에 합류한 마이콘은 데샹 감독 밑에서 크게 성장했는데, 공격 본능은 그대로 유지하면서도 수비 시에 위치 선정을 어떻게 해야 하는지를 배우면서 유럽 무대에 어울리는 풀백으로 성장했다.

그리고 2006년 여름, 수비진 개편에 나선 이탈리아 세리에 A의 거함 인테르가 마이콘의 영입에 관심을 표시했고, 마이콘은 이를 '진짜 축구 선수'가 될 기회로 생각하고 적극적으로 협상에 임해 이적을 이뤄냈다. 인테르는 마이콘과 천생연분이었다. 로베르토 만치니 감독은 곧바로 마이콘에게 주전 라이트백 역할을 맡겼고, 기존에 주전으로 활약하던 하비에르 사네티는 수비형 미드필더로 역할을 바꿔 공격에 적극적으로 가담하는 마이콘의 수비 부담을 덜어주며 최고의 호흡을 선보였다. 인테르 데뷔전에서부터 마이콘은 팬들에게 최고의 환희를 선물했다. AS 로마와의 이탈리아 수페르 코파 맞대결에서 전반에만 세 골을 내주며 1-3으로 끌려가던 인테르는 후반 마이콘의 교체 투입과 함께 반격에 나서 3-3 동점을 만들었고, 연장에서 루이스 피구의 프리킥 역전 결승 골로 우승을 차지하며 기분 좋게 시즌을 시작할 수 있었다. 당시 유벤투스가 칼치오폴리 스캔들에 대한 징계로 강등을 당한 상태였고, AC 밀란과 피오렌티나는 승점 삭감 징계를 받았기 때문에 인테르는 2위 로마와 승점 22점 차이로 손쉽게 세리에 A 우승을 차지했다. 결과뿐만 아니라 과정 또한 압도적이었다. 인테르는 8라운드부터 24라운드까지 17연승을 거두는 기염을 토했고, 이는 지금까지도 이탈리아 세리에 A 역사상 최다 연승 기록으로 남아 있다. 마이콘은 입단 첫 시즌부터 리그에서만 2골 7도움을 올리는 폭발적인 활약으로 강한 인상을 남겼다. 마이콘의 활약과 함께 인테르는 이탈리아 무대의 정상에서 내려올 줄을 몰랐다. 마이콘 입단 직전인 2005-06 시즌부터 2009-10 시즌까지 5년 연속으로 우승을 차지하며 경쟁자들을 따돌렸다. 그러나 챔피언스리그에서는 번번이 기대 이하의 성적이 나오자 2007-08 시즌을 끝으로 만치니 감독과 결별하고 FC 포르투와 첼시에서 연달아 성공 가도를 달리던 '스페셜 원' 주제 무리뉴를 새로운 감독으로 선임하게 됐다. 유럽 무대로 와서 최고의 전략가인 데샹, 만치니, 무리뉴를 연달아 감독으로 만난 것은 마이콘에게도 엄청난 행운이었다. 무리뉴는 전술적으로 뛰어났을 뿐만 아니라 선수 관리에 있어서도 남다른 면모를 보여줬다. 세상 모두를 적으로 돌리는 대신 팀을 하나로 결속시키는 방식이었는데, 내부에서는 선수 하나하나의 특성에 맞춰 관리를 해주면서 최고의 기량을 끌어냈다. 경기에서는 프로다웠지만 사생활 면에서는 흥이 많았던 마이콘은 주말 경기가 끝나면 파티를 즐기느라 월요일 훈련에는 완벽하지 않은 몸 상태로 참가하는 경우가 많았다. 당시 인테르에는 축구계 최고의 악동으로 이름을 떨친 마리오 발로텔리도 있었으니 월요일 팀 훈련 분위기가 어땠을지는 짐작할 만하다. 만일 마이콘이 최고 수준의 기량을 갖춘 선수가 아니었다면 엄격한 규율을 중시하는 무리뉴 감독의 눈 밖에 나서 팀을 떠나야 했겠지만, 무리뉴는 마이콘이 대체가 불가능한 선수라고 판단하고 유연성을 발휘해 월요일 훈련만큼은 저녁 시간대로 옮겨 선수들이 최고의 상태로 훈련에 집중할 수 있도록 도왔다. 마이콘의 압도적인 능력과 흥이 넘치는 사생활을 보여주는 또 하나의 재미있는 일화가 있다. 인테르 구단 관계자들은 마이콘이 2008년 크리스마스를 앞두고 일찍 고향 브라질로 돌아가 휴가를 즐기기 위해 고의적으로 옐로카드를 받아 경고 누적으로 출전 정지 징계를 받으려 한다고 무리뉴 감독에게 알려줬다. 이에 무리뉴 감독은 곧바로 마이콘을 대면하고는 "내가 바보인 줄 아느냐. 경고 누적이 되더라도 휴가는 보내줄 수 없다."라고 경고했다. 그런데도 마이콘은 굴하지 않고 "그럼

TOP 10 FULLBACKS OF THE 21ST CENTURY

골을 넣으면 휴가를 갈 수 있나요?"라고 반문했고, 무리뉴는 "아니, 두 골을 넣어야 휴가를 보내주겠다."라고 약속했다. 아무리 공격력이 뛰어난 마이콘이라도 풀백으로 뛰면서 멀티 골을 터트리기는 쉽지 않은 일이었다. 크리스마스를 앞두고 열린 시에나와의 세리에 A 원정 경기. 마이콘은 세트피스 공격 때마다 누구보다 적극적인 태도와 강한 집중력으로 골문 앞까지 쇄도해 골을 노렸고, 결국 홀로 두 골을 터트리며 인테르의 2-1 승리를 이끌었다. 득점만으로 이미 약속받은 휴가를 얻어냈지만, 후반 38분 결승 골을 넣고는 흥분을 주체하지 못해 유니폼을 벗어 던져 옐로카드를 받으면서 결국에는 경고 누적으로 출전 정지 징계를 받은 것은 덤이었다. 결승골 이후의 열정적인 세리머니 과정에서 마이콘과 뜨거운 포옹을 나눈 무리뉴 감독은 관대하게 일주일의 추가 휴식까지 허락했다. 이러한 과정을 통해 형성된 감독과 선수단의 신뢰 관계와 결속력은 2009-10 시즌 트레블 우승이라는 신화로 이어졌다. 마이콘은 이 시즌 공식 대회 7골 12도움을 올리는 맹활약으로 전성기를 구가했는데, 특히나 세리에 A와 챔피언스리그의 중요한 고비에서 결정적인 득점을 올려 우승의 동력 역할을 해냈다. 먼저 세리에 A 34라운드 유벤투스와의 이탈리아 더비에서는 선제 결승 골을 터트려 인테르의 2-0 승리를 이끌었는데, 이는 선두 AS 로마를 1점 차로 추격 중이라 반드시 승리가 필요한 경기에서 터진 귀중한 득점이었다. 유벤투스가 전반 37분 만에 모하메드 시소코의 경고 누적 퇴장으로 수적 열세에 놓이게 되면서 오히려 극단적인 수비를 펼쳐 인테르를 어렵게 만들고 있었는데, 마이콘은 프리킥 상황에서 흘러나온 공을 공중에서 두 번 트래핑해 상대를 따돌린 뒤 통렬한 발리 슈팅으로 골망을 흔들었다. 바로 다음 라운드에 로마가 삼프도리아에 홈에서

패하며 순위 역전에 성공한 인테르는 그대로 세리에 A 우승까지 질주할 수 있었다. 챔피언스리그에서는 리오넬 메시의 바르셀로나를 4강에서 만났는데, 1차전 홈 경기에서 전반 19분 만에 선제골을 실점하며 위기에 놓여 있었다. 반격에 나선 인테르는 전반 30분 마이콘의 패스를 기점으로 오른쪽 측면에서 사무엘 에토가 올린 낮은 크로스를 페널티 지역 안에서 디에고 밀리토가 받아 상대 수비를 끌어당겼고, 옆 공간의 웨슬리 슈네이더에게 패스를 밀어줘 침착한 슈팅으로 동점을 만든 뒤 후반을 맞이했다. 마이콘은 후반 3분 역습 상황에서 상대 페널티 지역 안까지 질주해 들어간 뒤 밀리토의 패스를 받아 역전 결승 골을 터트렸다. 그리고 후반 16분에는 상대 진영에서 티아고 모타가 패스를 가로채 곧바로 역습을 전개했고, 마이콘이 올린 크로스가 스네이더의 머리를 거쳐 밀리토의 헤더로 이어지며 승부에 쐐기를 박는 세 번째 득점이 됐다. 마이콘은 인테르의 세 골 모두에 마이콘이 직간접적으로 관여하는 완벽에 가까운 활약을 펼친 것이다. 1차전에서 두 골 차의 승리를 거둔 인테르는 까다로운 2차전 원정 경기에서 전반 28분 만에 나온 모타의 퇴장으로 오랜 시간 수적 열세에 놓이고도 끈기 있게 버텼고, 후반 38분에야 실점을 허용해 0-1 로 패해 합산 스코어 3-2로 결승에 올라 바이에른 뮌헨을 꺾고 유럽 무대 정상에 올랐다. 세리에 A, 코파 이탈리아 우승까지 합해 이탈리아 구단 최초이자 지금까지 유일한 트레블 우승을 이뤄낸 것이다. 마이콘은 "메시는 가장 강력한 상대였고, 바르셀로나는 한순간에 승부를 뒤집을 수 있는 팀이었기에 기회가 있을 때 승부를 끝내야 했습니다. 2차전에서 모타가 퇴장당하며 우리의 수비 조직력이 시험대에 올랐는데, 공격수인 에토와 고란 판데프까지도 측면 수비에 가담해 끝까지 잘 버텼죠. 굉장한 승부였습니다."라고 당시를 회상했다. 마이콘은 폭발적인 공격력과 더불어 강인한 신체 능력을 활용한 수비로 전성기를 보낸 선수다. 브라질 대표팀에서는 다니 알베스와 주전 경쟁을 펼치면서도 믿음직한 활약으로 A매치 76경기에 출전해 일곱 골을 득점하는 좋은 기록을 남기기도 했다. 신체 능력이 떨어지기 시작하고 부상까지 겪은 이후로는 전성기가 빠르게 지나가기는 했지만, 이탈리아 무대에서 인테르 소속으로 남긴 업적은 거인이라는 칭호를 얻기에 전혀 부족함이 없었다.

COLUMN

필드 전체를 누비는 연계 플레이

DANI ALVES

1983년 5월 브라질 출생
2001년 프로 데뷔
2023년 현역 은퇴

주요 경력:
라리가 우승 6회, 챔피언스리그 우승 3회 (바르셀로나),
코파 델 레이 우승 5회 (세비야, 바르셀로나), 세리에 A 우승,
코파 이탈리아 우승 (유벤투스), 리그 1 우승 2회,
쿠프 드 프랑스 우승, 쿠프 드 라 리그 우승 (파리 생제르맹)

2000년대 중반부터 2010년대까지 브라질에는 최고 수준의 라이트백이 둘이나 있었다. 하나는 앞서 살펴본 마이콩이고, 다른 하나는 바로 다니 알베스다. 마이콩이 185cm의 '거인'으로 엄청난 폭발력과 강인한 수비를 펼칠 수 있는 자원이었다면, 알베스는 172cm의 작은 신장으로 민첩하고 영리하게 움직이며 성실하게 상대를 압박하고 주위 동료들과 연계 플레이를 펼치는 자원이었다. 그리고 이러한 장점은 펩 과르디올라 감독이 이끌던 바르셀로나에서 제대로 빛을 발하게 됐다. 알베스는 어린 시절 새벽부터 아버지의 농장 일을 돕고 집에서 멀리 떨어진 학교에 다녀야 하는 어려움 속에서도 축구 선수를 꿈꾸기 시작했고, 처음에는 측면 공격수 포지션을 맡았으나 기대만큼 득점력이 발전되지 않자 풀백으로 포지션을 바꿔 프로가 되기 위한 노력을 이어갔다. 힘든 환경 속에서 성장하고, 먼 거리를 뛰어다니는 것이 일찍부터 익숙했기 때문에 투지나 체력만큼은 일찌감치 강인하게 형성됐다. 알베스의 부친도 젊은 시절 축구에 재능을 보였으나 가정 환경 때문에 프로의 꿈을 이루지 못했던 경험이 있어 아들의 꿈을 이뤄주기 위해 지원을 아끼지 않았고, 알베스는 자신이 어떤 지원을 받았는지를 잘 알기 때문에 쉽게 포기하지 않는 정신력을 기를 수 있었다. 본격적으로 축구에 전념하기 시작한 것은 13살 때로, 고향인 주아제이루 유소년팀에 입단하게 되자 학교 수업을 빼먹으면서까지 훈련에 매진한 결과 2년 만에 더 큰 구단인 바히아 유소년팀의 제의를 받고 이적해 프로 데뷔의 꿈을 이어가게 됐다. 2001년 프로 데뷔전에서부터 2도움을 올리고 페널티킥까지 유도하며 팀의 3-0 승리를 이끌자 18살의 나이에 곧바로 주전 자리를 차지할 수 있었고, 2003년에는 세계 청소년 선수권 대회에서 브라질의 우승에 핵심적인 역할을 해낸 끝에 임대 신분으로 1년간 뛰었던 스페인의 세비야로 완전 이적해 유럽 무대에 발을 딛게 됐다. 그러나 스페인 적응은 쉽지 않았다. 알베스는 준비가 전혀 되지 않은 채로 성공만을 바라보고 이적을 감행했고, 세비야로서는 스무 살도 되지 않은 브라질 유망주의 기량을 처음부터 신뢰할 수 없는 게 당연했다. 언어도 통하지 않고 출전 기회도 잡기 어려운 상황이 이어지자 알베스는 브라질로 돌아갈 생각까지 했지만, 마음을 고쳐먹고 스페인어를 배우기 시작하며 적응에 힘을 쏟았다. 당시 세비야를 지휘하던 호아킨 카파로스 감독은 알베스에게 무리해서 공격에 가담하지 말고 수비에 신경을 쓰라고 지시했지만, 이는 알베스의 장점을 보여줄 수 있는 전술이 아니었다. 이에 알베스는 자신이 어떤 선수인지를 보여주기 위해 감독의 지시를 무시하고 적극적으로 전진하기 시작했는데, 이러한 플레이가 좋은 결과를 낳자 카파로스 감독도 알베스의 기량을 인정하고 마음껏 공격에 가담할 수 있도록 전술을 조정해 줬다. 알베스와 함께 팀 또한 성장하기 시작했고, 입단 첫 시즌 라리가 10위에 불과하던 세비야는 몇 년 이내에

UEFA컵에서 두 시즌 연속 우승을 차지하는 강호가 될 수 있었다. 세비야에서의 맹활약에 잉글랜드 프리미어리그의 리버풀, 첼시 등이 알베스의 영입에 관심을 나타냈지만 세비야가 요구하는 높은 이적료를 맞춰주는 데는 실패했다. 그러나 2008년 여름에는 바르셀로나가 당시 구단 역대 최고 이적료 3위에 해당하는 금액을 지출하며 알베스를 영입하는 데 성공했다. 알베스는 '소년으로 세비야에 와서 남자가 되어 떠난다'는 작별 인사를 남겼고, 바르셀로나에는 연계 플레이와 점유율을 기반으로 하는 축구를 구사하는 펩 과르디올라 감독이 기다리고 있었다. 알베스는 자신의 상대는 물론이고 팀 동료들의 움직임까지도 철저하게 연구한 뒤 그에 맞춰 플레이하는 선수였고,

이는 과르디올라의 전술과 엄청난 시너지를 발휘했다. 당시 바르셀로나는 공격진에 리오넬 메시를 위시해 다비드 비야, 페드로 로드리게스까지 뛰어난 선수들을 보유하고 있었고, 중원에는 바르셀로나 유소년팀에서부터 성장하며 과르디올라의 축구 철학을 완벽하게 체득한 차비 에르난데스와 안드레스 이니에스타, 세르히오 부스케츠가 있었다. 여기에 과르디올라는 선수들이 경기 도중 즉흥적인 상황 판단을 내릴 필요조차 없을 정도로 정교하게 약속된 플레이를 훈련시켰고, 이는 민첩하게 경기장을 누비며 상대를 압박하고 예측과 연계 플레이에 능한 알베스와는 완벽한 궁합이었다. 알베스와 바르셀로나는 그야말로 역대 최고의 전성기를 구가했다. 과르디올라 감독과 함께 3연속

리가 우승과 두 번의 챔피언스리그 우승을 차지했으며 후임인 티토 빌라노바, 루이스 엔리케 감독과도 성공을 이어가 2014-15 시즌에는 트레블 우승까지 달성했다. 당시 바르셀로나는 프리미어리그에서 최고의 활약을 펼쳤던 우루과이 국가대표 루이스 수아레스, 브라질 차세대 최고의 재능 네이마르까지 영입해 축구 역사상 가장 무시무시한 삼각 편대로 꼽히는 'MSN 트리오'를 공격진에 구축해 압도적인 전력을 과시하고 있었다.

브라질 대표팀 선배들인 카푸, 호베르투 카를로스, 마이콘도 뛰어난 공격력으로 풀백의 지평을 넓힌 선수들이었지만 알베스는 거기서 한 단계 더 진화한 풀백이라고 할 수 있었다. 풀백으로서 공수 모두에 능한 것은 물론이고 중앙 미드필더도 소화할 수 있을 정도로 패스 플레이 또한 탁월했고 팀 전체의 균형을 파악하며 영리하게 움직이는 선수였다. 그나마 약점으로 지적되는 것이 수비력이지만, 알베스는 훈련장에서 매일 같이 메시를 상대했던 선수이기 때문에 당연하게도 평균 이상의 수비 실력을 갖추고 있었다. 어느덧 시간이 흘러 알베스도 전성기를 지나 33세가 됐고, 팀에도 변화가 필요한 시기가 되자 바르셀로나는 그를 자유 계약 신분으로 풀어줬다. 이에 알베스는 유벤투스에 입단해 2016-17 시즌 세리에 A와 코파 이탈리아 우승을 차지하고 챔피언스리그 결승까지 오르는 성공을 거뒀고, 특히나 챔피언스리그 8강에서는 바르셀로나를 합산 스코어 3-0으로 완벽하게 제압하기도 했다. 그럼에도 알베스는 여전히 바르셀로나에 대한 애정이 컸던 탓인지 유벤투스 구단에 무례한 언행을 일삼았고, 결국 입단 1년 만에 상호 합의 하에 계약을 해지하게 됐다. 다음 행선지는 알베스에게 가장 큰 영향을 준 과르디올라 감독이 있는 맨체스터 시티가 유력해 보였으나, 알베스는 마음을 바꿔 브라질 대표팀 동료들이 많고 더 높은 연봉을 제시한 파리 생제르맹(PSG)으로 향했다. PSG에서도 여전히 투쟁심이 넘치고 강한 정신력으로 팀을 이끈 알베스는 중앙 미드필더와 측면 공격수 역할까지 소화하며 프랑스의 국내 대회를 모두 휩쓸었다. PSG를 지휘하던 토마스 투헬 감독은 알베스의 실력이 워낙 뛰어나 더 공을 많이 만질 수 있도록 하기 위해 풀백이 아닌 중앙 미드필더로 기용했다고 밝히기도 했다. PSG에서의 2년 생활을 끝으로 고국 브라질로 돌아간 알베스는 자신이 어린 시절부터 응원하던 상 파울루에 입단해 10번 유니폼을 입고 중앙 미드필더이자 팀의 주장으로 활약하며 선수 생활의 황혼기를 보냈다. 이 시기 상 파울루 주 리그에서 우승을 차지하며 구단에 8년 만의 첫 트로피를 안기기도 했다. 아쉽게도 상 파울루 구단과의 관계는 초상권료 미지급 문제로 인한 분쟁 끝에 계약 해지로 마무리됐고, 알베스는 위기에 빠져 있던 바르셀로나로 돌아가 1년간 헌신하며 팀의 재건을 도왔다. 알베스는 사생활에서 문제를 일으켰고 경솔한 언행으로 소속 구단과도 여러 차례 마찰이 있었지만, 누구보다 강한 투쟁심과 리더십 또한 갖추고 있어 팀 내에서는 항상 동료들의 존중을 받았던 선수다. 바르셀로나에서 공식 대회 408경기에 나선 것은 리오넬 메시에 이어 외국인 선수로는 구단 역사상 최다 출장 2위 기록이며, 브라질 국가대표로도 A매치 126경기에 출전했을 만큼 선수 생활 내내 꾸준함을 유지했다. 전술적으로도 과르디올라 감독과 함께 바르셀로나의 전성기를 이끌며 가장 진화된 풀백의 모습을 보여준 선수가 바로 알베스다.

> 지난 시즌 무관중 경기의 영향을
> 가장 크게 받은 팀이 아마 리버풀일 겁니다.
> 팬들이 돌아오실 게 너무나 기대되고,
> 팬들에게 기쁨을 드리기 위해
> 우승을 차지하고 싶습니다.

- 트렌트 알렉산더-아놀드의 인터뷰 중

LAST FLAME

화려한 부활, '헤비메탈 축구'의 마지막 불꽃

2020-21 시즌을 마무리하며 한층 성숙한 모습을 보여준 아놀드는 2021년 7월 리버풀과 4년 재계약에 합의했다. 이미 월드 클래스 라이트백이라는 평가를 넘어 앤드류 로버트슨과 함께 현대 축구에서 풀백의 역할을 재정립한 선수라는 찬사까지 나오고 있었기에 리버풀 구단으로서 유소년팀 출신의 프랜차이즈 스타를 확실하게 잡아두는 것은 당연한 결정이었다. 아놀드의 재계약 소감은 남달랐다. 이전처럼 리버풀에 대한 애정을 표현한 것은 여전했지만, 이제는 우승의 중요성을 더욱 힘주어 말하기 시작했다. 아놀드는 "리버풀 라커 룸에 들어가서 주위를 둘러보면 이만큼 월드 클래스 선수들이 많은 팀이 얼마나 또 있을까 싶습니다. 감독님과 코치진도 우승 경력이 화려한 월드 클래스고요. 저도 우승을 목표로 하는데 저와 똑같은 목표를 가진 사람들에게 둘러싸여 있는 겁니다. 리버풀 정도의 전력이면 우승을 노리지 못할 이유가 없죠. 저는 늘 리버풀을 응원하며 리버풀 선수가 되어 뛰기 위해 노력했어요. 과거에는 우승할 전력이 되지 않았고 다른 팀들과 경쟁조차 되지 않아 굉장히 실망스러울 때도 있었습니다. 하지만 지금은 어떤 팀과도 경쟁할 수 있고, 잘만 하면 프리미어리그나 챔피언스리그에서 우승할 수 있다는 것도 증명했잖아요. 시즌 내내 꾸준하게 좋은 경기를 펼치는 게 가장 중요합니다. 결국에는 가장 꾸준하게 승리를 거두는 팀이 우승을 차지하니까요. 그리고 우승에 만족하거나 질리지 않고 계속해서 우승을 차지하는 선수야말로 최고라고 생각합니다. 우승의 기쁨은 언제나 동기부여가 되는 것 같습니다."라고 강조했다. 정신적으로 예전보다 훨씬 성숙한 모습을 보여주기 시작한 아놀드는 유로 2020 불참의 실망감을 재활에 쏟아부었고, 프리 시즌 팀 훈련이 시작되기

전부터 개인 훈련에 매진하며 개막에 맞춰 최고의 몸 상태를 만드는 데 성공했다. 게다가 리버풀은 선수단 구성에 큰 변화도 없었기에 경쟁 팀들보다 뛰어난 조직력을 갖추고 있었고, 영광과 고난을 모두 함께 겪었기에 결속력도 강했다. 그리고 2021-22 시즌 가장 중요한 요소는 바로 경기장에 팬들이 돌아온다는 것이었다. 아놀드는 "지난 시즌 무관중 경기의 영향을 가장 크게 받은 팀이 아마 리버풀일 겁니다. 팬들이 돌아오실 게 너무나 기대되고, 팬들에게 기쁨을 드리기 위해 우승을 차지하고 싶습니다."라며 팬들에게 또 한 번의 우승을 약속했다.

아놀드의 약속대로 리버풀 선수들은 이전 시즌의 부진을 만회하겠다는 각오로 초반부터 최고의 경기력을 선보이기 시작했다. 장기 부상에서 돌아온 센터백 판 다이크와 조엘 마팁 모두 부상 여파의 우려를 씻어내고 안정적인 수비를 펼쳤고, 공격진에서는 모하메드 살라와 디오구 조타가 물오른 득점 감각을 선보였다. 이전 시즌에 워낙 불운했을 뿐이지 이미 리버풀은 전력 면에서나 전술적으로나 안정된 팀이었고, 몇 년에 걸쳐 맞춰온 조직력 또한 최고 수준이었다. 이는 아놀드의 활약에도 큰 도움이 됐다. 클롭 감독은 아놀드가 상대 골문과 더 가까운 지역에서 위협적인 득점 기회를 만들 수 있도록 동선을 조정해 줬다. 사이드라인에 가깝게 움직이는 것이 아니라 하프 스페이스로 전진해 날카로운 크로스를 공급했고, 프리미어리그 13라운드까지 11경기에 출전해 일곱 개의 도움을 올리는 기염을 토했다. 오른쪽 측면 공격수인 살라, 오른쪽 중앙 미드필더인 조던 헨더슨과 위치를 바꿔가며 유기적으로 움직이면서도 삼각 형태를 유지해 상대 수비를 공략했고, 아놀드가 비워둔 뒷공간은 미드필더인 헨더슨이 거의 풀백과 같은 움직임으로 커버했으며 두 센터백을 보호하는 든든한 수비형 미드필더 파비뉴의 존재감도 여전했다. 클롭 감독이 "수비 시에 아놀드의 포지션이 라이트백이긴 하지만 측면 공격수도 될 수 있고, 중앙 미드필더도 될 수 있고, 수비형 미드필더도 될 수 있고, 플레이메이커도 될 수 있습니다."라고 설명한 것은 이 시즌 리버풀 선수들의 유기적인 움직임과 아놀드의 전술적인 활용 가치를 잘 보여준다. 리버풀은 완성된 팀으로서의 모습을 보여줬지만, 프리미어리그의 경쟁은 어느 때보다 치열하고 수준이 높았다. 잉글랜드의 최강자로 꼽히던 펩 과르디올라 감독의 맨시티, 챔피언스리그 우승을 해낸 토마스 투헬 감독의 첼시 또한 최고의 출발을 해냈고, 손흥민과 해리 케인의 활약을 앞세운 토트넘도 시즌 초반 안토니오 콘테 감독으로 사령탑을 교체해 리버풀의 클롭 감독까지 프리미어리그 4위권 내에 유럽 최고의 명장 넷이 각자의 장점을 살려 지략 대결을 펼치는 구도가 형성됐다. 이 중 챔피언스리그에 참가한 리버풀, 맨시티, 첼시 모두 8강에 진출한 것은 당시 프리미어리그 팀들의 수준이 얼마나 높았는지를 방증한다. 6라운드까지 리버풀은 4승 2무의 성적을 거두며 선두에 올랐으나, 하필 아놀드가 근육 부상으로 결장한 맨시티와의 7라운드 홈 맞대결에서 2-2 무승부를 거두며 선두 자리에서 내려왔고, 이후 시즌 내내 추격자의 입장에서 힘든 싸움을 이어가야 했다. 그리고 두 골 차로 앞서다가 집중력을 잃고 2-2 무승부를 허용한 브라이튼과의 홈 맞대결, 아놀드가 1골 1도움을 기록했음에도 2-3으로 패한 웨스트햄 원정은 실수의 여지가 크지 않은 우승 경쟁에서 리버풀의 발목을 잡는 요인으로 작용하고 만다. 그리고 4위권 팀인 맨시티, 첼시, 토트넘과의 맞대결 여섯 경기에서 한 번도 승리하지 못한 채 모두 무승부를 거둔 것 또한 결과적으로 치명타가 됐다. 그렇지만 이러한 경기들을 제외하면 리버풀의 행보는 완벽에 가까웠다. 아놀드는 시즌 중반에 이미 리그에서만 두 자릿수 도움을 달성했고, 살라는 독보적인 득점 행진을 이어갔다. 조별 라운드에서 아틀레티코 마드리드, AC 밀란, 포르투라는 힘든 상대들을 만난 챔피언스리그에서도 6전 전승으로 16강에 진출했을 정도로 유럽 전역에서 리버풀보다 더 나은 경기를 펼치는 팀을 찾아보기는 어려웠다. 국내 컵 대회에서는 로테이션을 활용했기에 아놀드가 출장한 경기보다 결장한 경기가 더 많았음에도 리버풀은 FA컵과 리그컵 모두에서 순항했다. 그 결과 리버풀은 참가한 네 개 대회 모두에서 시즌 막바지까지 우승에 도전하는 역대급 행보를 이어가게 됐다. 이는 리버풀의 성공을 보여주는 결과인 동시에 불안 요소로도 작용했다. 선수단의 규모는 한정되어 있는데 치러야 하는 경기는 너무 많았다. 게다가 시즌 도중 공격진의 두 에이스인 살라와 사디오 마네가 아프리카 네이션스컵 참가로 한 달 이상 자리를 비웠고, 중원에서는 로테이션 자원으로 활약해 줘야 하는 선수들이 잦은 부상에 시달리며 주전 선수들에게 부하가 집중되고 있었다. 그럼에도 리버풀은 시즌 중반 리그에서 10연승을 질주하는 기염을 토하며 선두 맨시티를 바짝 추격했고, 이 중 무실점 승리가 무려 여덟 번에 달해 뛰어난 공수 균형을 과시했다. 아놀드도 수비진의 일원으로서 좋은 활약을 펼쳤는데, 뛰어난 축구 지능으로 자신의 플레이를 잘 기억했다가 실수를 반복하지 않으려는 노력을 했기에 가능한 일이었다. 자신의 판단 실수로 위기를 초래했던 장면이 있었다면 먼저 구단의 분석팀을 찾아가 그 장면을 복기하고 단점을 보완했다. 이러한 과정을 통해 아놀드는 세계 최고 수준의 풀백으로서 자리를 공고히 했다. 리그컵 준결승에서 아스널을 만난 리버풀은 1차전 홈 경기에서 0-0 무승부를 거둔 뒤 2차전 원정 경기에서 아놀드의 2도움에 힘입어 2-0 승리를 거두고 결승에 올랐다. 결승에서는 첼시와 연장까지도 0의 행진을 이어가는 양보 없는 승부를 펼쳤고, 끝내 승부차기에서 11-10으로 승리하며 시즌 첫 우승 트로피를 차지했다. 아놀드는 120분을 모두 소화하고 승부차기 네 번째 키커로 나서 깔끔하게 득점에 성공하며 리버풀의 우승에 기여했다. 챔피언스리그에서는 조별 라운드와 달리 토너먼트 대진운이 좋은 편이었다. 16강에서 인테르, 8강에서 벤피카, 4강에서 비야레알을 각각 격파했는데

세 번 모두 1차전에서 두 골 차의 승리를 거둬 2차전은 상대적으로 편안하게 치를 수 있었다. FA컵에서는 준결승에 올라서야 프리미어리그 팀을 만나게 됐는데, 그 상대는 바로 모든 대회에서 리버풀과 우승을 다투고 있던 맨시티였다. 당시 맨시티도 챔피언스리그 준결승에 진출한 상태였기에 트레블 우승의 희망을 이어가고 있었다. 트레블을 노리는 맨시티와 전무후무한 쿼드러플을 노리는 리버풀의 맞대결에는 관심이 집중될 수밖에 없었다. 뚜껑을 열자 승부는 예상보다 쉽게 결정됐다. 리버풀은 매서운 전방 압박으로 경기 시작부터 맨시티를 꼼짝 못 하게 밀어붙였고, 전반에만 세 골을 퍼붓는 뛰어난 결정력으로 일찌감치 승부를 갈랐다. 아놀드는 세 번째 골 장면에서 공격 전개와 마무리 빌드업에 관여하며 맨시티의 수비진을 무너뜨렸다. 후반 들어서는 맨시티가 반격에 나서 두 골을 만회했지만, 두 번째 골이 나온 것은 시점은 이미 후반 추가 시간이었기에 승부를 뒤집기에는 역부족이었다. 이후 맨시티는 챔피언스리그 준결승에서도 레알 마드리드에 밀려 탈락하며 프리미어리그 우승에만 집중하게 됐다. 반면에 리버풀은 FA컵과 챔피언스리그에서도 우승 도전을 이어갔다. FA컵 결승 상대는 리그컵에서도 결승에서 격돌했던 첼시였는데, 리버풀과 첼시 모두 챔피언스리그 준결승에 오른 상태였기에 결승전 준비를 위해서는 이례적으로 FA컵 결승전을 프리미어리그가 종료되기 이전에 치러야 했다. 첼시는 리그에서 4위권 이내의 성적이면 만족할 수 있는 상황이었기에 부담이 덜했지만, 어느 쪽도 놓칠 수 없는 리버풀로서는 힘에 부치는 일정이 이어졌다. 그럼에도 리버풀은 굳건하게 나아갔다. 프리미어리그에서는 최종 라운드까지 맨시티를 승점 1점 차로 추격했고, 첼시와의 FA컵 결승에서는 또다시 연장 승부까지 가는 혈투를 펼친 끝에 이번에도 승부차기에서 승리를 거두며 시즌 두 번째 우승에 성공했다. 공수의 핵심 판 다이크와 살라가 부상으로 경기 도중 교체되어 나가는 상황에서도 끝까지 실점 없이 버텼고, 아놀드는 이번에도 승부차기 키커로 나서 득점에 성공하며 제 몫을 다했다. 2021-22 시즌 리그컵과 FA컵에서 정상에 오르며 아놀드는 23세 219일의 나이에 잉글랜드 구단 소속으로 참가할 수 있는 모든 최고 대회의 정상에 오르는 역사를 썼다 (챔피언스리그, 프리미어리그, FA컵, 리그컵). 이는 물론 잉글랜드 축구 역사상 최연소 기록이었다. 그리고 이는 여섯 살이라는 어린 나이부터 몸담은 리버풀이라는 오직 한 팀에서 이뤄낸 성과였다.

아놀드는 리버풀의 새로운 성공 시대를 이끈 주역이었다. 이제 리버풀의 운명은 시즌 마지막 두 경기에 달려 있었다. 프리미어리그 최종전에서 무조건 승리를 거두고 승점 1점 차로 앞서 있던 선두 맨시티가 비기거나 지기를 기다려야 했고, 챔피언스리그 결승에서는 첼시와 맨시티를 차례로 따돌리고 올라온 유럽 무대 최강팀인 레알 마드리드를 만나야 했다. 먼저 프리미어리그 시즌 최종전에서는 울버햄튼을 홈으로 불러들였는데 경기는 예상보다 힘들게 진행됐다. 경기 시작 3분 만에 상대 측면 공격수 페드루 네투에게 선제골을 내준 것이다. 리버풀 수비 뒷공간으로 이어진 상대의 골킥 한 번에 너무나도 쉽게 득점 기회를 허용한 장면이었는데, 사실 리버풀은 시즌 막바지 들어 거의 매 경기 이른 선제골을 실점하며 경기를 어렵게 끌고 가다가 역전승을 거두곤 했다. 한편으로는 리버풀의 저력과 정신력을 칭찬할 수도 있었지만, 다른 한편으로 이는 리버풀 선수들의 집중력과 체력이 상당히 고갈되어 있다는 뜻이기도 했다. 어려운 경기 흐름은 체력을 더욱 고갈시키는 악순환을 낳았다. 곧 흐름을 되찾은 리버풀은 전반 24분 마네가 동점 골을 터트렸고, 후반 39분에는 부상에서 돌아온 살라가 교체로 투입돼 역전 결승골을 터트리며 안필드를 열광의 도가니로 만들었다. 그러나 운명은 끝내 리버풀을 외면했다. 아스톤 빌라 원정에서 먼저 두 골을 허용했던 맨시티가 후반 31분부터 36분까지 5분 사이에 세 골을 몰아넣으며 극적인 3-2 역전승을 거둔 것이다. 리버풀은 후반 44분 앤디 로버트슨이 추가 골을 득점하며 3-1 승리를 거뒀지만, 결국 프리미어리그 우승은 맨시티로 결정됐다. 리버풀은 2018-19 시즌에 이어 또다시 맨시티에 승점 단 1점 차로 뒤처져 2위에 만족해야 했다. 클롭 감독은 "맨시티와 펩 과르디올라 감독에게 축하를 건넵니다. 마지막까지 흥미진진한 우승 경쟁을 선사한 아스톤 빌라와 울버햄튼에도 감사합니다. 우리가 원하던 결과는 아니었지만 그렇다고 재앙과 같은 결과도 아닙니다. 맨시티와의 힘겨운 경쟁에서 끝까지 포기하지 않고 싸운 리버풀 구단과 선수들이 자랑스럽네요. 그걸로는 충분하지 않았지만 이런 게 축구입니다. 마지막 한 경기인 챔피언스리그 결승전에 모든 것을 쏟아붓겠습니다."라며 선수들을 다독였다. 프리미어리그 우승을 놓친 실망을 추스를 틈도 없이 챔피언스리그 결승전이 찾아왔다. 상대는 2017-18 시즌 결승전에서 리버풀을 꺾었던 레알이었기에 선수들의 투지는 더욱 불타오르는 게 당연했다. 특히나 당시 부상으로 전반 도중 교체되어 나갔던 살라는 더욱 집요하게 골을 노렸고, 리버풀은 경기 내내 주도권을 놓치지 않고 공세를 이어갔다. 슈팅 숫자는 리버풀이 24개, 레알은 단 네 개에 불과했다. 그러나 레알은 역시 호락호락한 상대가 아니었다. 세계 최고의 기량을 갖춘 선수들을 데리고 실리적인 역습 축구를 펼쳤다. 리버풀의 일방적인 공세를

버텨내던 후반 14분, 레알은 간결하고도 치명적인 역습으로 비수를 꽂았다. 중원에서 카세미루가 오른쪽 측면으로 패스를 전개했고, 이를 페데리코 발베르데가 돌파 이후 낮고 강한 킥으로 공을 반대편으로 보냈다. 리버풀은 레프트백 로버트슨이 공격에 가담했다가 복귀하지 못한 상태였기 때문에 수비진의 무게중심이 발베르데 쪽으로 쏠릴 수밖에 없었다. 그리고 판 다이크의 다리 사이를 뚫고 건너온 공을 아놀드의 등 뒤에서 침투하던 비니시우스 주니오르가 논스톱 슈팅으로 연결해 리버풀의 골망을 흔들었다. 공만 바라보다가 비니시우스의 움직임을 전혀 확인하지 못한 아놀드로서는 책임을 피하기 어려운 실점이었다. 리버풀은 남은 시간 총공세를 펼쳤으나 이 경기에서 나온 아홉 차례의 유효 슈팅은 모두 티보 쿠르투아 골키퍼의 벽에 막혔다.

챔피언스리그 출범 이후로 소화할 수 있는 모든 공식 경기를 치른 유일한 팀이 바로 리버풀이었다.
시즌 내내 단 4패만을 허용했으며, 46번의 승리는 구단 역사상 한 시즌 최다 승리 신기록이 됐다. 그리고 그 과정에서 아놀드는 대체 불가의 존재감으로 꾸준한 활약을 펼쳤고, 공식 대회 19도움으로 자신의 한 시즌 최다 도움 기록을 경신했다. 클롭 감독은 "아놀드와 같은 선수는 본 적이 없습니다. 라이트백 포지션에서 그만큼 경기에 결정적인 영향력을 발휘할 수는 없거든요. 공격력은 뛰어나도 수비 실력이 부족하다는 지적은 마음에 들지 않습니다. 아놀드의 다재다능함은 미친 수준입니다."라고 찬사를 보내며 아놀드 쪽에서 나오는 실점은 선수 개인의 잘못이 아닌 팀의 전술 스타일 때문이라고 변호했다. 2021-

경기 막바지에는 체력을 모두 소진한 탓에 위험한 역습까지 허용하며 시간을 지체했고, 경기는 그대로 1-0 레알 마드리드의 승리로 막을 내렸다. 이 경기의 최우수 선수는 결승 골의 주인공인 비니시우스가 아닌 리버풀의 강력했던 공격에도 실점을 허용하지 않은 쿠르투아 골키퍼였다.
쿼드러플의 신화를 꿈꿨던 리버풀의 2021-22 시즌은 국내 컵 대회 더블 우승만으로 아쉽게 막을 내렸다. 그러나 시즌 마지막 두 경기까지 쿼드러플의 가능성을 이어가며

22 시즌은 클롭 감독의 대표적인 색깔인 '헤비메탈 축구'의 마지막 전성기라고 할 수 있다. 쉴 새 없이 몰아치는 전방 압박으로 상대 팀들을 괴롭혔고, 강한 정신력으로 선제골을 허용한 경기에서도 여러 차례 역전승을 거둬 '멘탈리티 몬스터'라는 별명도 얻었다. 그러나 역대 가장 많은 경기를 치르면서 리버풀 선수들의 에너지는 고갈될 수밖에 없었다. 사상 첫 가을 월드컵까지 치러야 하는 2022-23 시즌은 리버풀에 험난한 앞날을 예고하고 있었다.

2021-22 리버풀 시즌 기록

프리미어리그 32경기 선발
출전 2골 12도움

챔피언스리그 9경기
선발 출전 4도움

FA컵 3경기
선발 출전 1도움

리그컵 3경기
선발 출전 2도움

인버티드 풀백으로의 변신

BECOMING INVERTED

> "아놀드가 공을 갖고 있고 패스를 시도할 공간이 있는 것을 파악하면 실제로 패스를 하는지 마는지는 보지도 않고 곧바로 침투 움직임을 가져갑니다. 그런데 아놀드는 이미 제가 어떻게 움직일지를 잘 알고 있죠."

\- 모하메드 살라

리버풀은 이전 시즌 마지막 두 경기까지 모든 대회 우승에 근접해 있었기 때문에 유럽 최강팀 중 하나라는 평가를 받을 수 있었다. 그러나 결과적으로는 프리미어리그에서 맨시티에, 챔피언스리그에서 레알 마드리드에 밀려 2인자의 자리에 만족해야 했고, 그렇다면 전력 보강에 힘을 쏟아야 하는 것은 당연한 일이었다. 설령 쿼드러플 우승에 성공했더라도 너무 많은 경기를 소화해온 선수들의 고갈된 체력을 생각하면 보강은 필수였다. 그러나 리버풀의 여름 이적 시장 행보는 실망 그 자체였다. 공격진에서는 사디오 마네가 떠난 공백을 다르윈 누녜스와 코디 학포의 영입으로 메웠고, 2022년 1월 이적 시장에서 영입한 루이스 디아스도 팀에 빠르게 적응하는 모습을 보였기에 큰 걱정은 없어 보였다. 문제는 중원이었다. 로테이션 자원들은 평소 잦은 부상에 시달리는 선수들이고, 주전 자원들은 과부하가 걸린 상태로 전성기를 지나는 나이를 맞이하고 있었는데도 유벤투스에서 임대로 아르투르 멜루를 데려온 것을 제외하면 아무런 영입이 이뤄지지 않았던 것이다. 그나마도 멜루는 임대 생활 내내 부상에 시달리며 리버풀의 완패가 확정된 경기에서 단 13분만을 소화하는 데 그쳤다. 게다가 리버풀의 경쟁팀들은 야심 찬 보강을 이어갔다. 리버풀의 여름 이적 시장 순 지출은 5천만 파운드였는데, 이는 숙적 맨유의 1/4 수준에 불과했고 프리미어리그 20팀 중 11위에 해당하는 규모의 투자였다. 클롭 감독은 이전 시즌 챔피언스리그 결승전 패배 이후 리버풀이 또다시 결승 무대에 돌아올 것이라고 자신하며 기자들과 팬들에게 결승전이 열릴 이스탄불의 호텔을 예약하시라고 호언장담했지만, 뚜껑을 열어보니 리버풀을 둘러싼 여러 우려는 현실이 되어 있었다. 클롭의 전술에서는 빠르고 강한 압박이 가장 중요한데 리버풀의 중원은 느리고 약했다. 심지어는 해당 시즌 프리미어리그에서 경합 승률 47.5%로 20개 팀 중 최하위를 기록했을 정도다. 제대로 상대의 역습을 저지하기 어려워지니 실점은 자연스럽게 늘어났고, 공격에서는 신입 선수들이 기대

이하의 모습을 보이고 기존 선수들은 부상에 신음해 살라에 대한 의존도가 더욱 높아질 수밖에 없었다. 그 결과는 기복이 심한 성적으로 돌아왔다. 리버풀은 프리미어리그 15라운드까지도 9위에 처져 있는 굴욕을 겪었다. 베스트 멤버가 정상적인 컨디션으로 가동되거나 클롭 감독이 필요한 전술 변화를 성공시킬 때는 라이벌팀들과의 중요한 맞대결에서 승리를 거두기도 했지만, 오히려 중하위권 팀들을 제대로 공략하지 못하면서 계속해서 승점을 잃었다. 특히나 월드컵 휴식기 이전까지 원정 여섯 경기에서 1승 2무 3패에 그쳤다. 아놀드 개인으로서는 스트레스가 심한 시즌일 수밖에 없었다. 부상으로 유로 2020 본선에 참가할 수 없었기에 2022 월드컵에서는 활약을 벼르고 있었는데, 소속팀 리버풀이 흔들리면서 본인의 약점으로 지적되던 수비력에 비판이 집중됐던 것이다. 게다가 당시 잉글랜드 대표팀을 지휘하던 가레스 사우스게이트는 전술적으로 뛰어나거나 공격 패턴에서 창의성을 중시하기보다는 수동적이고 안정적인 전술을 선호했기 때문에 아놀드를 제대로 활용할 수 있는 감독도 아니었고, 재임 기간 한 번도 아놀드에게 제대로 된 신뢰를 보여준 적이 없었다. 비록 리버풀의 경기력이 전체적으로 좋지 않았음에도 아놀드 개인의 수비 기록은 평소와 다르지 않았다. 그러나 아놀드가 전진했을 때 대신 라이트백 역할을 해줘야 할 미드필더들이 부진에 빠지면서 수비를 해야 하는 시간이 늘어났고, 이 때문에 수비력이 비판을 받는 동시에 최대 장기인 도움 기록마저 눈에 띄게 줄어들면서 장점을 어필할 기회도 사라지고 말았다. 결국 아놀드는 가까스로 잉글랜드 대표팀에 발탁돼 월드컵에 참가하기는 했지만, 카일 워커의 백업 멤버에 머무르며 조별 라운드 마지막 경기인 웨일스와의 맞대결에서 잉글랜드가 2-0으로 앞선 상황에 교체로 투입돼 33분을 소화한 것이 전부였다. 잉글랜드는 8강까지 순항했으나, 강호 프랑스를 만나자 1-2로 패해 탈락하고 말았다. 아놀드를 위시해 프리미어리그에서 최고의 활약을 보여주던 재능 있는 선수들을 제대로 활용하지 못한 씁쓸한 결말이었다. 월드컵 이후에도 리버풀의 상황은 쉽게 달라지지

않았다. 챔피언스리그에서는 첫 경기 나폴리 원정에서 당한 1-4 대패의 영향으로 조별 라운드에서 2위를 기록한 탓에 16강에서부터 난적 레알 마드리드를 만나 합산 스코어 2-6으로 패해 탈락했는데, 특히나 1차전 홈 경기에서 먼저 두 골을 넣고도 수비 집중력이 실종된 모습으로 다섯 골을 내주며 충격적인 역전패를 허용했다. 아놀드가 휴식을 취한 리그컵에서는 4라운드부터 일찌감치 맨시티를 만나 2-3으로 패해 탈락했고, FA컵에서는 브라이튼을 만나 선제골을 득점하고도 굴절된 슈팅으로 동점 골을 내주는 불운 끝에 후반 추가 시간 미토마에게 역전 결승 골을 내주며 역시 4라운드에서 허무하게 조기 탈락했다. 유일하게 남은 프리미어리그에서는 아스널과 맨시티의 2강 구도로 우승 경쟁이 이어진 가운데, 리버풀은 2023년 4월 초까지도 7위에 처져 있었고 2위 맨시티와의 승점 차이(21점)보다 강등권인 18위 본머스와의 승점 차이(19점)가 더 적었다. 클롭 감독마저 자신이 이전 시즌까지 쌓아 놓은 성과가 없었다면 리버풀에서 시즌 도중 경질되어 마땅하다고 인정할 정도였다. 홈에서는 맨유를 7-0으로 대파하는 등 반등하는 순간도 있었지만, 원정에서의 부진은 계속됐다. 맨시티 원정에서는 아놀드의 긴 패스로 만든 역습 기회에서 디오구 조타의 도움을 받은 살라가 선제골을 터트리고도 내리 네 골을 내주며 1-4로 역전패를 당하는 수모를 겪었다. 리버풀이 무너지는 패턴은 비슷했다. 중원 싸움에서 밀리며 한두 번의 패스만으로 압박이 뚫렸고, 측면 공간을 넓게 활용하면서 치고 들어오는 상대 공격을 리버풀 수비진은 아무런 보호도 받지 못한 채 그대로 맞이하다 보니 어떤 선수를 막아야 할지 모를 정도의 위기에 계속해서

TRENT ALEXANDER-ARNOLD

<OPTA 데이터 참조>

노출되고 있었다. 이 과정에서 중앙으로 크로스를 노리는 측면 공격수와 문전으로 침투하는 중앙 공격수 사이에 놓인 아놀드는 그야말로 고역을 치르고 있었다. 기존의 시스템, 기존의 자원들만으로는 해결책을 찾기 어려웠다.

리버풀에는 변화가 절실하게 필요했고, 해결책은 생각보다 가까운 곳에 있었다. 그것은 바로 아놀드를 빌드업 시에 중원으로 움직이게 하는 인버티드 풀백으로 활용해 후방 플레이메이커 역할을 맡기는 것이었다. 이미 맨시티는

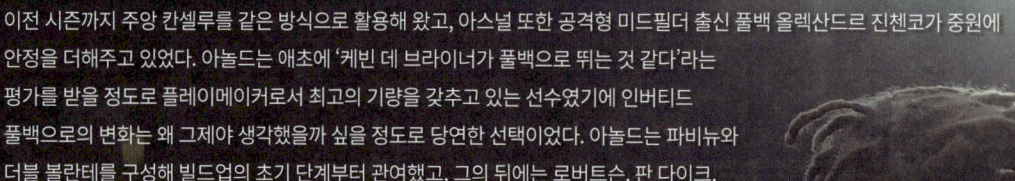

이전 시즌까지 주앙 칸셀루를 같은 방식으로 활용해 왔고, 아스널 또한 공격형 미드필더 출신 풀백 올렉산드르 진첸코가 중원에 안정을 더해주고 있었다. 아놀드는 애초에 '케빈 데 브라이너가 풀백으로 뛰는 것 같다'라는 평가를 받을 정도로 플레이메이커로서 최고의 기량을 갖추고 있는 선수였기에 인버티드 풀백으로의 변화는 왜 그제야 생각했을까 싶을 정도로 당연한 선택이었다. 아놀드는 파비뉴와 더블 볼란테를 구성해 빌드업의 초기 단계부터 관여했고, 그의 뒤에는 로버트슨, 판 다이크, 이브라힘 코나테가 3백을 구성해 3-2 빌드업으로 공을 전진시켰다. 상대가 전방 압박을 가하더라도 아놀드는 공을 잘 유지하고 있다가 뒤로 내주고, 롱 패스 능력을 갖춘 판 다이크가 곧바로 상대 뒷공간을 노려 한 번에 득점 기회 창출을 시도했다. 탈압박에 성공할 경우에는 아놀드의 눈앞에 상대 진영 전체가 펼쳐져 있는 셈이었기 때문에 왼쪽 측면만이 아니라 오른쪽 측면의 살라에게도 대각선 패스를 공급할 수 있어 더욱 위협적인 공격 전개가 가능했다. 이전까지는 아놀드가 오른쪽 하프 스페이스로 올라가 헨더슨, 살라와 유기적으로 움직이며 날카로운 크로스로 득점 기회를 만들곤 했지만, 인버티드 풀백으로 역할을 바꾼 이후에는 전진을 다소 자제하며 공수 균형을 유지하는 후방 플레이메이커로 활약했다. 그 결과 리버풀은 더 안정적으로 공 소유권을 지키는 동시에 상대의 역습도 성공적으로 저지할 수 있었다. 이전 페이지의 인포그래픽은 아놀드의 오픈 플레이 볼 터치 지역을 나타낸 그림으로, 2022-23 시즌 프리미어리그에서 역할 변화 전후를 확연하게 비교해 볼 수 있다. 이러한 변화를 도입한 아스널과의 맞대결에서부터 곧바로 그 효과를 체감할 수 있었다. 아놀드는 이 경기를 시작으로 다섯 경기 연속 도움을 기록하는 맹활약을 펼치기 시작했다. 아스널전부터 시즌 종료 시점까지 프리미어리그 10경기에서 아놀드는 최다 볼 터치를 기록하며 경기를 조율했고, 소유권 확보 또한 80회로 카세미루(89)에 이은 2위를 기록하며 수비 능력 또한 충분히 증명했다. 리버풀의 에이스 살라는 "아놀드는 시야가 정말 훌륭합니다. 언제나 가장 어려운 패스 경로를 찾아 공을 연결하려고 하죠. 저는 아놀드가 공을 갖고 있고 패스를 시도할 공간이 있는 것을 파악하면 실제로 패스를 하는지 마는지는 보지도 않고 곧바로 침투 움직임을 가져갑니다. 그런데 아놀드는 이미 제가 어떻게 움직일지를 잘 알고 있죠."라며 아놀드에 대한 신뢰를 드러냈다. 실제로 아놀드는 살라를 향해 단순히 수비 뒷공간으로 본능적인 패스를 보내는 게 아니라, 살라의 침투 속도와 퍼스트 터치까지 고려해서 가장 적절한 패스를 보내기 위해 노력한다고 밝힌 바 있다. 아놀드가 인버티드 풀백으로 활약한 시즌 마지막 10경기에서 리버풀은 7승 3무의 좋은 성적을 거두는 데 성공했다. 이 기간 리버풀이 따낸 24점의 승점은 우승 팀 맨시티(25점)에 이은 2위에 해당하는 것이었다. 그러나 이러한 막바지 분전으로도 리버풀은 끝내 4위권 진입에 실패하며 다음 시즌 챔피언스리그 진출이 좌절됐다. 클롭 감독 부임 이후로 경기력과 결과 모두 가장 좋지 않은 시즌이 되고 말았지만, 아놀드의 역할 변화는 리버풀의 미래에 새로운 가능성을 제시했다.

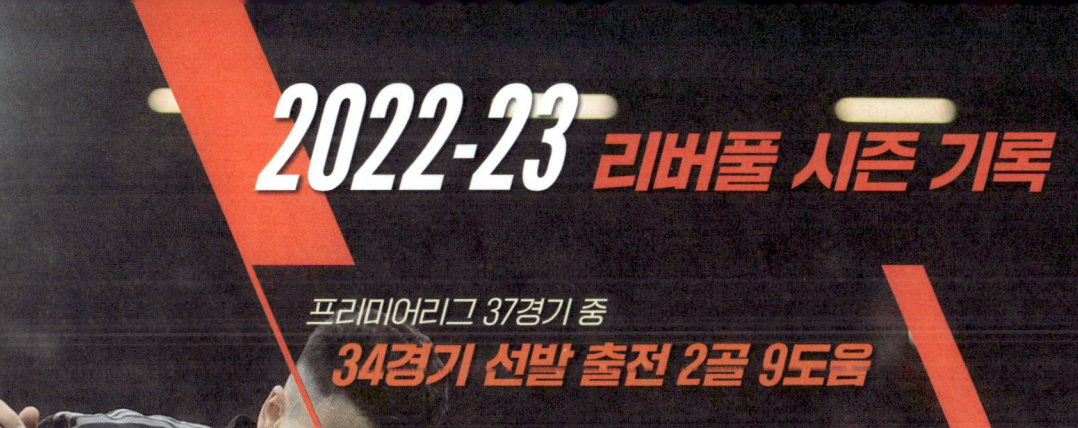

2022-23 리버풀 시즌 기록

프리미어리그 37경기 중
34경기 선발 출전 2골 9도움

챔피언스리그 7경기
선발 출전 1골

FA컵 2경기
선발 출전 1도움

전술적인 면에서 역대 최고의 감독으로 꼽히는 펩 과르디올라는 바르셀로나에서 성공을 거둔 뒤 안식년을 가졌고, 다음 행선지로 선택한 팀은 독일 최고의 명문 바이에른 뮌헨이었다. 뮌헨에는 과르디올라가 2008년에도 바르셀로나에 영입을 원했던 풀백이 있었는데, 그 주인공이 바로 필립 람이다. 람은 신장이 170cm에 불과하고 초인적인 신체 능력을 갖추고 있지도 않지만, 축구 지능만큼은 역대 최고의 선수 중 하나로 꼽힌다. 과르디올라 감독도 "제가 지도해본 선수 중 축구 지능이 가장 뛰어납니다. 수준 자체가 달라요."라는 말로 람을 칭찬하기도 했다. 람의 남다른 축구 지능은 선천적인 유전자와 집안 환경이 만들어낸 것이었다. 아버지는 뮌헨 지역 축구팀에서 활동하고 있었고, 어머니도 그 팀에서 유소년 코치로 일하고 있었기 때문에 사실상 태어나는 순간부터 축구가 어떤 스포츠인지를 익히기 시작한 셈이나 다름없었다. 지역 유소년팀에서부터 특별한 재능으로 두각을 나타내자 11살이 되던 해에 바이에른 뮌헨이 람을 영입했다. 당시 람을 스카우트한 바이에른의 코치 헤르만 후멜스는 "람이 분데스리가에서 뛰지 못한다면 그 어떤 선수도 불가능할 것"이라며 "람이 프로 선수로서 성공하지 못하면 나도 축구 코치를 그만두겠다."라고까지 호언장담했다. 그러한 확신의 근거는 바로 람의 지능적이고 침착한 플레이였다.

유소년 선수라면 누구나 경기 도중 자신의 재능을 뽐내고 싶어 화려한 플레이를 시도하기 마련인데, 람은 어린 시절에도 축구장 안에서 마치 체스를 두듯 팀의 승리에 필요한 합리적인 플레이만을 추구했을 정도다. 마침 바이에른 유소년팀도 육성 철학을 개혁해 어린 선수들에게 두 개 이상의 포지션을 경험하게 하면서 전술적인 역량을 키우도록 했고, 람은 라이트백은 물론 중앙 미드필더까지 소화하면서 유망주 시절부터 다른 선수보다 서너 수 앞을 내다보는 플레이를 선보였다. 독일 청소년 대표팀에서도 다양한 개성을 가진 중앙 수비수들과 호흡을 맞춰보는 경험을 할 수 있었다. 2001년과 2002년에는 바이에른 2군 팀의 주전 라이트백으로 꾸준한 활약을 펼쳤으나, 1군에는 역대 최고 수준의 풀백들인 빅상트 리자라쥐와 윌리 사뇰이 있었기 때문에 람이 출전 기회를 잡기는 쉽지 않았고, 젊은 선수에게 절실하게 필요한 실전 경험을 쌓기 위해 슈투트가르트로 2년 임대를 떠나게 됐다. 그리고 최고 수준의 무대에서 꾸준히 출전하자 람은 폭발적으로 성장하며 빛나는 재능을 선보이기 시작했다. 람은 상대 측면 공격수보다 빠르지도 않았고 강한 몸싸움이나 태클로 공을 따내는 수비수도 아니었지만, 경기 상황을 판단하는 속도는 누구보다 빨랐고 정확한 볼 컨트롤과 패스 능력까지 갖추고 있었기 때문에 기복 없이 수준 높은 활약을 선보일 수 있었다. 놀라운 사실은 이러한 활약을 주 포지션인 라이트백이 아닌 레프트백에서 펼쳤다는 것이다. 게다가 당시 슈투트가르트를 지휘하던 펠릭스 마가트 감독은 람에게 세부적인 전술 지시를 내리기보다는 "상대 공격수에게 공간을 주지 말고 더 강하게 압박하라."는 정도만을 주문했고, 이에 람은 주체적으로 경험을 쌓아갈 수 있었다. 자신에게 처음 찾아온 제대로 된 기회를 놓치지 않은 람은 2003-04 시즌 분데스리가 31경기, 챔피언스리그 일곱 경기를 소화하면서 꾸준한 활약을 펼쳤고, 해당 시즌 독일 올해의 선수 후보로 올라 2위까지 기록하는 최고의 한 해를 보냈다. 이어진 2004-05 시즌에는 선수 경력 첫 시련이 찾아왔다. 후반기에 들어서며 피로 골절 부상과 십자인대 부상이 이어져 경기에 모습을 드러낼 수 없었고, 2005-06 시즌 소속팀 바이에른에 복귀해서도 몸 상태를 끌어올리기 위해 2군 경기를 먼저 소화해야 했다. 11월 중순이 되어서야 정상적으로 출전하기 시작한 람은 선수 생활의 황혼기를 보내고 있던 리자라쥐와 출전 시간을 분배했고, 분데스리가에서 선발 12경기 교체 8경기로 모습을 드러내며 존재감을 키워가기 시작했다. 수비 면에서는 아직 경험이 부족해 때로는 경직된 움직임을 보여주기도 했지만, 바이에른은 대부분 경기에서 주도권을 쥐고 상대를 공격하는 시간이 더 많았기에 람의 공격적인 재능이 더 빛날 수 있었다. 당시 바이에른에는 위력적인 측면 공격수가 없었기 때문에 측면에서 람의 창의적인 패스를 활용해 공격을 전개하려 했고, 람은 후방 플레이메이커처럼 움직이며 상대 수비를 공략할 수 있는 부분을 찾아내곤 했다. 이때부터 이미 실질적으로 인버티드 풀백의 역할을 수행한 셈인데, 오른발을 사용하는 레프트백으로서 대각선 방향으로 전진해 중원에서 뛰면서 오히려 더 자연스러운 플레이를 펼칠 수 있었다. 람은 하루가 다르게 성장해 전성기에 접어든 반면 바이에른은 구단으로서 방향을 제대로 잡지 못하고 있었다. 슈투트가르트에서 람에게 성장의 기회를 줬던 마가트 감독이 바이에른에 왔지만 이미 람의 발전한 수준과 비교하면 감독으로서 마가트의 역량은 부족했고, 위기를 수습하기 위해

부임했던 오트마르 히츠펠트 감독의 후임으로는 전술적인 능력이 전혀 없는 동기 부여형 감독인 위르겐 클린스만 부임했으니 람으로서는 구단에 불만이 생기는 게 당연했다. 게다가 바이에른은 2008-09 챔피언스리그 8강에서 람이 이적을 거절했던 바르셀로나에 0-4로 대패를 당하는 굴욕을 맛보기도 했다. 분데스리가 무대에서도 위르겐 클롭 감독의 보루시아 도르트문트에 밀려 두 시즌 연속으로 우승에 실패했다. 람은 구단의 비전을 믿었기 때문에 바르셀로나와 맨유의 관심을 외면하고 잔류를 선택했는데 팀은 반대 방향으로 가고 있었으니 공개적인 불만이 터져 나오는 것도 당연했다. 람은 독일 언론과의 인터뷰에서 바이에른이 명확한 비전 없이 구단을 운영하고 있고, 확실한 전술 철학도 없이 선수를 영입하고 있다는 비판을 쏟아냈다. 이 작심 발언에 대한 대가로 2만 5천 유로라는 구단 역사상 최고 수준의 벌금을 내야 했지만, 람의 일침은 바이에른을 각성하게 만들어 2009년 여름 이적 시장에서 람에게 최고의 파트너가 되었던 측면 공격수 아르연 로번을 영입하게 했다. 그리고 람은 2010-11 시즌부터 바이에른의 주장까지 맡아 탁월한 리더십을 발휘했는데, 평소 큰 목소리를 내기보다는 늘 믿음직한 모습으로 엄격하게 팀 내 규율을 유지하는 주장이었다. 바이에른이 양쪽 측면에 로벤과 리베리의 '로베리' 듀오를 구성하게 되면서 람은 수비 안정과 후방 플레이 메이킹에 더욱 집중할 수 있었고, 템포까지 적절하게 조절하면서 경기 전체에 영향력을 발휘했다. 수비적으로

변해 팀의 균형 유지에 신경 쓰던 람에 대한 언론의 주목도는 전과 비교해 떨어졌으나, 바이에른은 루이 판 할 감독에 이어 유프 하인케스 감독과 함께하며 분데스리가 정상을 탈환하고 2012-13 시즌에는 역사적인 트레블 우승까지도 이뤄내게 됐다. 그리고 2013년 여름에는 과르디올라 감독이 부임했는데, 과르디올라는 람이 풀백으로 뛰게 되면 공을 너무 적게 만지는 것이 아깝다며 그에게 중앙 미드필더 역할도 맡겼다. 과르디올라의 전술에서 람은 지능적인 움직임으로 상대의 패스 경로를 예측해 공격을 차단하고, 공을 지켜내서 수비에서 공격으로 부드러운 전환을 만들어낼 수 있는 팀의 핵심이었다. 람은 풀백과 미드필더를 오가면서 인버티드 풀백 역할을 완벽하게 해냈고, 바이에른은 과르디올라와 함께한 3년 내내 압도적인 성적으로 분데스리가 무대를 휩쓸었다. 챔피언스리그에서 매번 준결승 탈락한 것이 유일한 오점이라면 오점이었으나, 꾸준하게 준결승에 오르는 것 또한 쉬운 일은 아니다. 그리고 2014 브라질 월드컵에서 람은 독일 국가대표로서 최고의 영광을 달성하는 데 성공했다. 대표팀의 주장이자 베테랑으로서 누구보다 노련한 모습을 보여주며 선수단을 이끌었고, 요아힘 뢰브 감독의 요청에 따라 바이에른에서처럼 상대에 맞춰 중앙 미드필더와 라이트백 두 포지션을 모두 소화하며 독일에 월드컵 우승을 안긴 것이다. 세계 최고의 자리에 섰을 때 람은 국가대표 은퇴를 선언해 모든 축구 선수가 바랄 만한 꿈과 같은 마무리를 했다. 람은 바이에른에서도 마지막 다섯 시즌 연속으로 분데스리가 우승을 차지하며 2016-17 시즌을 끝으로 서른셋의 나이에 현역 생활을 마쳤고, 은퇴와 동시에 바이에른 명예의 전당에 너무나도 당연하게 입성했다. 축구계 최고의 '지능캐'로 활약했던 람은 현역 생활 도중 발간한 자서전에서 선수 지도와 훈련 방법에 관한 생각을 효과적으로 저술하고 자신과 함께했던 감독들에 대한 비판도 가감 없이 수록해 은퇴 이후 지도자로서의 행보 또한 기대하게 했으나, 정작 직접 감독 생활을 해볼 생각은 없다며 "팬들이 저를 좋은 축구 선수로 기억해 주기만을 바랍니다."라는 작별 인사를 남겼다.

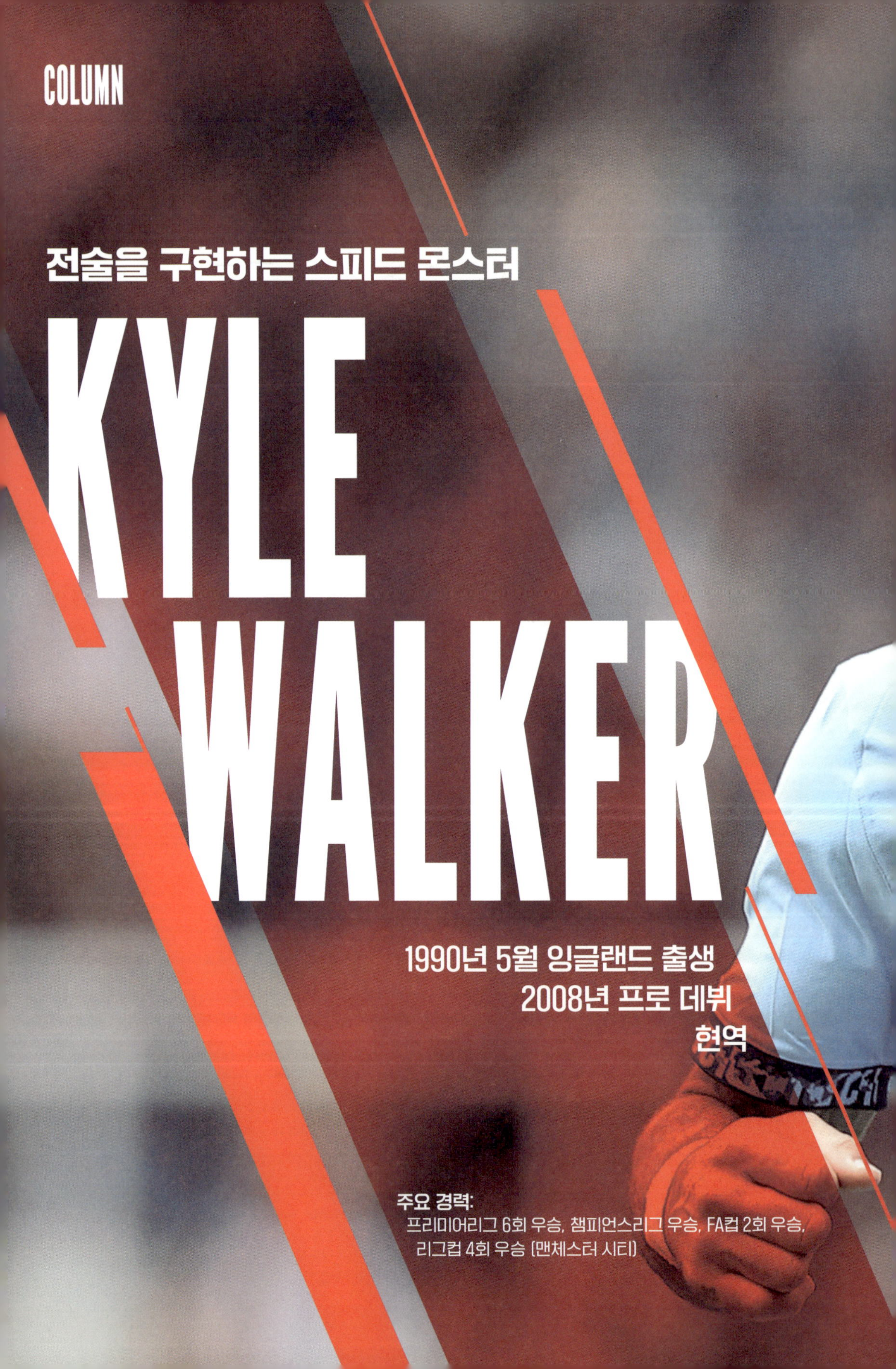

COLUMN

전술을 구현하는 스피드 몬스터

KYLE WALKER

1990년 5월 잉글랜드 출생
2008년 프로 데뷔
현역

주요 경력:
프리미어리그 6회 우승, 챔피언스리그 우승, FA컵 2회 우승,
리그컵 4회 우승 (맨체스터 시티)

21세기 들어 축구에서 압박과 점유율 유지가 중요해지면서 수비수들의 신체 능력도 더욱 중요해지기 시작했다. 풀백은 물론이고 센터백 또한 빠른 스피드를 갖추고 있어야 넓은 공간을 커버할 수 있기 때문에 수비라인을 끌어올릴 수 있고 다양한 전술을 구현할 수 있기 때문이다. 카일 워커는 역대 최고 수준의 스피드에 몸싸움 능력까지 뛰어나 풀백과 3백의 오른쪽 스토퍼 역할을 완벽하게 수행할 수 있어 전술적으로 감독에게 다양한 선택지를 제공하는 자원이다. 일곱 살에 축구를 시작한 워커는 지역팀 셰필드 유나이티드에서 착실하게 성장하며 18살의 나이에 프로 데뷔에 성공하지만 그 출발부터 주목을 받는 선수는 아니었다. 3부 리그 노스햄튼 타운으로 한 달간 임대 생활을 하는 도중 프로 데뷔전을 치를 수 있었고, 이때 좋은 활약을 펼친 덕분에 임대 기간을 6개월로 연장해 프로 생활이 어떤 것인지를 충분히 경험할 수 있었다.

2009년 1월에는 소속팀 셰필드로 복귀했지만 곧바로 출전 기회가 기다리고 있는 것은 아니었다. 시즌 막바지 주전 선수들이 부상으로 쓰러지고 나서야 기회가 돌아왔는데, 워커는 이를 놓치지 않고 시즌 마지막 두 경기에 선발로 출전해 팀이 승격 플레이오프에 진출하는 데 힘을 보탰다. 셰필드가 플레이오프 마지막 단계까지 진출하게 되면서 워커는 구단 역사상 가장 어린 나이에 '잉글랜드 축구의 성지' 웸블리 스타디움을 밟은 선수가 됐다. 워커의 19살 생일을 3일 남겨두고 열린 경기에서 셰필드는 번리에 0-1로 패해 승격의 꿈이 물거품으로 돌아갔지만, 그해 여름 워커는 같은 포지션 선배인 카일 노턴과 함께 9백만 파운드의 '패키지 이적'으로 셰필드를 떠나 토트넘 홋스퍼에 입단하게 됐다. 토트넘은 노턴을 바로 활용할 수 있는 자원으로 생각했고, 워커는 유망주로 분류했기 때문에 곧바로 다시 셰필드로 임대를 보내 경험을 쌓게 했다. 그리고 워커는 2009-10 시즌 전반기 내내 셰필드의 믿음직한 주전 라이트백으로 활약했다. 이에 토트넘은 시즌 도중 워커를 복귀시켰으나, 정작 후반기에는 프리미어리그 두 경기에만 모습을 드러냈을 뿐 제대로 된 기회를 잡기는 힘들었다. 이어진 2010-11 시즌에도 임대 생활이 기다리고 있었다. 워커는 챔피언십의 퀸즈 파크 레인저스로 임대돼 전반기를 보냈고, 후반기에는 아스톤 빌라로 임대돼 마침내 꾸준하게 프리미어리그 경기를 소화할 수 있었다. 빌라 임대를 통해 최고 수준에서 통할 만한 기량을 입증하고 잉글랜드 대표팀의 부름까지 받은 이후로는 토트넘의 주전 자리를 차지하게 됐다. 워커는 곧바로 폭발적인 활약을 펼치기 시작하며 토트넘 팬들의 마음을 사로잡았다. 2011-12 시즌 토트넘에는 왼쪽 측면에 가레스 베일, 중원에 루카 모드리치가 있어 역동적이고 빠른 공격을 펼치는 흥미진진한 경기들로 주가를 높이고 있었다. 감독인 해리 레드냅은 선수들에게 최대한 자유를 주는 스타일이었기 때문에 워커는 자신의 빠른 스피드와 강한 체력을 최대한 이용하며 적극적으로 공격에 가담했고, 북런던 지역 라이벌 아스널과의 전반기 리그 맞대결에서는 1-1 상황에서 통렬한 중거리 슈팅으로 결승골까지 터트렸다. 토트넘은 시즌 중반까지 리그 3위를 달리는 성공적인 행보를 이어갔으나 막바지 라이벌 팀들과의 맞대결에서 무너지기 시작했고, 프리미어리그 4위를 차지했음에도 첼시가 우승 팀 자격으로 챔피언스리그에 참가하게 되면서 진출권을 빼앗기는 아쉬운 결말을 맞이하고 말았다. 그럼에도 워커는 선수 협회가 선정한 최우수 유망주와 베스트 팀에 이름을 올리며 활약과 잠재력을 인정받았다. 토트넘은 안드레 빌라스-보아스 감독을 선임하고 더 현대적인 전술과 함께 새로운 도전에 나섰지만, 2012-13 시즌에도 프리미어리그 5위에 그치면서 또다시 챔피언스리그 진출이 좌절된 결과 에이스 가레스 베일의 레알 마드리드 이적을 막을 수 없게 됐다. 빌라스-보아스는 수비라인을 높게 끌어올리며 주도적인 경기를 추구했기 때문에 누구보다 빠른 스피드를 자랑하는 워커와는 전술적인 궁합이 맞는 지도자였다. 그러나 센터백들은 이러한 축구에 적응하기가 쉽지 않았고, 수비 조직력 또한 완벽하지 않았기 때문에 수비 과정에서 많은 약점을 노출하고 말았다. 이 때문에 워커마저도 비판을 피하지 못했지만, 2013-14 시즌 도중 빌라스-보아스가 경질됐을 때는 아쉬움에 눈물을 흘리기도 했다. 그러나 빌라스-보아스의 경질은 전화위복이 됐다. 후임 정식 감독으로 마우리시오 포체티노가 부임하며

토트넘의 젊은 선수들을 크게 발전시킨 것이다. 포체티노 또한 빌라스-보아스와 마찬가지로 워커가 장점을 최대한 살릴 수 있는 공격적인 전술을 구사했고, 뛰어난 신체 능력을 가장 큰 무기로 갖고 있는 워커에게 프로 선수답게 자기 관리를 해야 한다는 조언 또한 아끼지 않았다. 그 덕분에 워커는 언제 전력을 다하고 언제 어떻게 휴식을 취해야 하는지 또한 배우게 되면서 전성기를 오래 이어갈 수 있는 기반을 마련했다. 토트넘은 해리 케인을 위시해 크리스티안 에릭센, 델레 알리, 손흥민과 같은 젊은 선수들의 성장과 함께 꾸준하게 챔피언스리그에 진출하는 팀으로 한 단계 발전했다. 특히 2016-17 시즌에는 프리미어리그 출범 이후 구단 최다 승점인 86점을 기록했으나, 끝내 첼시에 밀려 2위에 만족해야 했다. 이 시즌 선수 협회 선정 베스트 팀에 다시 한번 이름을 올린 워커에게 펩 과르디올라 감독의 맨체스터 시티가 이적을 제의했고, 최대 5천만 파운드에 달하는 거액의 이적료를 토트넘은 거절할 수 없었다. 과르디올라는 바르셀로나에서 다니 알베스, 바이에른 뮌헨에서 필립 람과 함께하며 풀백을 다양한 전술에

TOP 10 FULLBACKS OF THE 21ST CENTURY

스토퍼와 윙백 역할을 오가며 팀에 필요한 모든 임무를 해냈다. 맨시티가 상대 진영 공간을 점유하고 차근차근 공격을 풀어나가는 동안 상대는 수비라인을 낮게 내리고 빠른 역습을 통해 뒷공간을 공략하려는 경우가 많았는데, 워커가 어떤 포메이션에서 어떤 역할을 맡든 빠른 발로 넓은 공간을 커버하며 뛰어난 수비를 펼친 덕분에 과르디올라 감독은 자신의 원하는 전술을 마음껏 구현할 수 있었다. 워커 또한 과르디올라의 지도를 받으며 전술적인 이해도가 빠르게 상승했고, 플레이가 세련되게 다듬어지면서 실수도 줄어들어 잉글랜드 대표팀에서도 감독의 신뢰를 받으며 핵심 멤버로 활약할 수 있었다. 워커가 주전으로 활약한 7년 동안 맨시티는 프리미어리그에서 무려 여섯 번의 우승을 차지하는 압도적인 행보를 이어갔고, 대회 역사상 최초로 4연속 우승이라는 금자탑을 쌓았다. 유일한 아쉬움이라면 맨시티가 트레블 우승을 달성한 2022-23 시즌 챔피언스리그에서 부상 탓에 주로 교체 자원으로 활약했다는 것이다. 그렇지만 2023-24 시즌에는 33세의 나이에도 반등을 이뤄내며 프리미어리그에서 맨시티의 극적인 역전 우승을 이끌었다. 주장 케빈 데 브라이너가 부상에 시달리는 사이 부주장이던 워커는 주장 역할도 완벽하게 수행했고, 이에 데 브라이너는 부상에서 복귀하고 나서도 그대로 워커를 주장으로 인정하고 신뢰했다. 과르디올라 감독이 풀백들에게 중앙으로 움직이며 인버티드 풀백 역할을 해줄 것을 더 많이 요구하면서 주로 센터백 출신 선수들이 측면에 기용되기 시작했고, 강력한 신체 능력을 무기로 하던 워커 또한 끝내 전성기가 지나면서 2024-25 시즌부터는 기량이 급격하게 떨어지고 말았다. 워커가 선수 생활 황혼기에 새로운 경험을 위해 이적 가능성을 타진하자 맨시티 구단도 이 뜻을 존중해 시즌 도중 임대 후 자유 이적이 가능하도록 워커를 이탈리아의 AC 밀란으로 보내줬다. 과르디올라 감독은 "맨시티가 지금까지 이뤄온 성공은 워커가 없었다면 불가능했을 겁니다. 우리에게 부족하던 부분을 채워준 주전 라이트백이었죠."라며 워커의 공로를 인정했다. 넓은 공간을 커버하는 빠른 스피드, 일대일 수비 능력, 부상 없이 건강한 신체로 보여준 꾸준함, 여러 전술에 대한 적응력까지. 워커는 감독이 원하는 이상적인 수비수에 가까웠다. 각각의 부문에서 워커보다 뛰어난 풀백들이 존재할 수는 있지만, 종합적으로 볼 때 프리미어리그에서 워커보다 나은 풀백을 찾는 것은 쉽지 않은 일이다.

활용하는 데 통달한 감독이었고, 기본적으로 수비라인을 최대한 높게 끌어올린 상태에서 경기의 주도권을 유지하는 전술을 활용했기 때문에 풀백의 신체 능력이 너무나도 중요했다. 워커는 최고 속도가 시속 37km/h를 넘을 정도로 단지 수비수뿐만 아니라 프리미어리그 전체에서도 가장 빠른 선수였고, 포체티노 감독의 지도를 받으며 몸 관리도 철저하게 하고 있었기 때문에 부상 없이 꾸준하게 출전할 수 있는 '믿을맨' 그 자체였다. 워커는 과르디올라 감독의 요청에 따라 4백에서는 라이트백, 3백에서는 오른쪽

> 클롭 감독님에게 많은 걸 배웠는데 미래를 생각하기보다는 당장 눈앞의 시즌, 경기, 훈련을 위해 전력을 다해야 한다는 게 가장 중요한 가르침이었습니다.

- 클롭의 은퇴 발표 이후 아놀드의 감사 인사 중

LIVERPOOL & JÜRGEN KLOPP

'리버풀 2.0'과 클롭의 라스트 댄스

이전 시즌의 실패에서 확실한 교훈을 얻은 리버풀은 2023년 여름 이적 시장을 통해 확실하게 선수단 개편을 단행했다. 특히나 중원에서는 제임스 밀너, 나비 케이타, 알렉스 옥슬레이드-체임벌린, 조던 헨더슨, 파비뉴가 모두 떠나며 완전한 세대교체가 이뤄졌다. 브라이튼에서 최고의 활약을 보여주던 알렉시스 매칼리스터를 저렴한 바이아웃에 계약한 것은 일찍부터 최고의 영입으로 꼽혔고, 분데스리가에서 좋은 활약을 펼치던 박스 투 박스 미드필더 도미니크 소보슬라이와 수비형 미드필더 엔도 와타루의 영입 또한 즉각적인 효과를 기대할 만했다. 이적 시장 마감일에는 바이에른 뮌헨에서 자리를 잡지 못하고 있던 유망주 라이언 흐라벤베르흐까지 영입했다. 그 결과 리버풀의 경기 운영 방식은 완전히 개편됐다. 아놀드가 이전 시즌 막바지부터 인버티드 풀백으로 움직이며 후방 플레이메이커 역할을 맡았고, 매칼리스터가 견실한 파트너 역할을 해내며 중원을 책임졌다. 아놀드가 전진을 자제하는 대신 드리블 돌파 능력이 뛰어난 소보슬라이가 저돌적인 전진을 통해 상대 수비에 균열을 일으키려 했고, 페널티 지역 안으로 침투하는 걸 즐기던 살라는 오른쪽 측면으로 넓게 벌려 서서 상대 수비를 끌어내고 득점뿐만 아니라 기회 창출에도 영향력을 발휘하게 됐다. 클롭 감독도 '리버풀 2.0'이 탄생했다는 표현으로 새로운 출발을 예고했다. 아놀드에게는 또 하나의 특별한 역할이 기다리고 있었다. 주장인 헨더슨과 부주장인 밀너가 모두 팀을 떠나게 되면서 주장단이 개편됐고, 수비진의 리더 판 다이크가 새로운 주장을 맡게 됐다. 그리고 어느덧 20대 중반이 된 아놀드가 부주장을 맡게 된 것이다. 밀너와 헨더슨은 프로 생활 내내 모범적인 태도로 가장 프로다운 선수들이라는 평가를 받아오며 아놀드에게 롤 모델이 된 선수들인데, 이제 이들의 자리를 아놀드가 채우게 됐다. 아놀드는 "훈련 도중 클롭 감독님이 부르시길래 공을 그렇게 쉽게 내주면 안 된다고 혼날 줄 알았습니다.

그런데 저를 부주장으로 임명한다는 예상 밖의 기분 좋은 소식이 기다리고 있더군요. 기억에 남을 특별한 순간이었습니다. 지금까지도 팀에서 평소 모범을 보이며 리더와 같은 역할을 해왔다고 생각했는데, 감독님도 저를 그렇게 봐주신 것 같아 행복합니다. 언젠가는 리버풀의 주장이 되는 것이 목표이기 때문에 제 책임을 다하며 그 과정을 밟아 가겠습니다."라고 다짐했다. 개막 이전에는 시즌에 대한 전망이 장밋빛인 것은 아니었다. 리버풀은 미드필더 영입 경쟁에서 첼시에 연달아 밀리며 모이세스 카이세도와 로메오 라비아를 놓쳤고, 차선책으로 엔도와 흐라벤베르흐를 영입한 것이었기 때문에 안정적인 경기 운영이 가능할지가 의문이었다. 그러나 뚜껑을 열어보니 결과는 기대 이상이었다. 중원에서는 매칼리스터가 별다른 적응 기간도 필요 없이 곧바로 팀에 녹아들면서 역동적인 축구를 구사할 수 있도록 도왔고, 공격진에서는 살라, 조타, 디아스 모두가 날카로운 움직임과 물오른 골 감각을 선보였으며, 수비진에서는 판 다이크가 주장으로서 확실한 리더십을 선보였다. 클롭 감독 재임 기간 내내 측면 수비는

물론이고 팀의 공격 전개까지 책임지며 헌신해 온 양 풀백 아놀드와 로버트슨은 처음으로 큰 부상을 겪으며 많은 경기에 결장하게 됐으나, 백업 자원들인 코스타스 치미카스, 조 고메스가 준수한 활약으로 이들의 공백을 메웠고 유망주인 코너 브래들리 또한 혜성같이 등장해 아놀드의 든든한 백업이자 장기적인 후계자가 될 수 있다는 기대를 낳았다. 리버풀은 2024년 1월까지도 프리미어리그에서 단 한 번의 패배만을 허용하는 순항을 이어가며 선두 자리를 지켰고, 이전 시즌과 마찬가지로 맨시티, 아스널과 우승 경쟁을 이어갔다. 유일한 패배마저도 토트넘 원정에서 두 선수가 퇴장당하고, 디아스의 정당한 득점이 오심과 VAR 소통 오류로 오프사이드 판정을 받아 취소되고, 후반 추가 시간 6분이 되서야 너무나도 불운한 조엘 마팁의 자책골로 내준 1-2 패배였다. 오른쪽 하프 스페이스 공격은 미드필더 소보슬라이가 주로 맡고 있었기 때문에 아놀드는 이전처럼 자유롭게 전진해서 상대 페널티 지역 안으로 날카로운 크로스를 올리기는 어려웠고, 그 영향으로 도움 기록은 확연하게 줄어들었다. 공수 균형 유지에 더 집중하는 역할을

맡고는 있었지만, 리버풀에 골이 반드시 필요한 순간에는 과감하게 전진해 강력한 중거리 슈팅으로 골을 터트리기도 했다. 13라운드 맨시티 원정과 14라운드 풀럼 상대 홈 경기에서 그러한 활약을 볼 수 있었다. 먼저 맨시티와의 라이벌전은 당연히 물러설 수 없는 경기였는데, 당시 리버풀은 선두 맨시티에 승점 1점 차로 뒤처진 2위를 달리고 있었다. 이 경기는 리버풀과 아놀드에게 결코 쉽지 않았다. 맨시티는 홈에서 시종일관

우세한 경기를 펼치며 엘링 홀란의 선제 득점으로 앞서 나갔다. 게다가 맨시티는 아놀드의 일대일 수비를 리버풀의 약점으로 생각했는지 드리블 돌파에 특별한 강점을 갖춘 측면 공격수 제레미 도쿠에게 패스를 몰아주며 시종일관 아놀드를 괴롭혔다. 0-1로 뒤져져 경기 종료 10분만을 남겨둔 상황. 맨시티는 일곱 명의 선수들이 페널티 박스와 그 주변 지역을 지키고 있었고, 리버풀이 이를 뚫기는 쉽지 않아 보였다. 바로 그 순간, 어느새 후방에서 올라온 아놀드는 맨시티 선수들의 견제를 피해 박스 근처에 도달했고, 살라의 패스를 받자마자 다섯 명의 맨시티 선수들 사이에서 과감하게 오른발 슈팅을 시도해 반대쪽 골대를 노렸다. 아놀드의 슈팅은 절묘하게 상대 수비 틈을 지나 정확하게 맨시티의 왼쪽 골망을 흔들었다. 에데르송 골키퍼가 뒤늦게 몸을 날려봤으나 때는 이미 늦었다. 아놀드는 그대로 맨시티 팬들 앞으로 달려가 손가락을 입에 가져다 대고 조용히 하라는 세리머니를 펼치며 리버풀의 자존심을 지켜냈다.

풀럼전의 득점은 더욱 극적이었다. 먼저 전반 20분에는 오른쪽 하프 스페이스에서 소보슬라이가 상대의 반칙을 유도해 프리킥 기회를 얻어냈고, 키커로 나선 아놀드는 특유의 채찍처럼 휘어들어 가는 오른발 슈팅으로 골대 상단을 직격했다. 골대를 맞은 공은 상대 골키퍼의 등을 맞고 들어가 자책골로 기록됐지만, 사실상 아놀드의 직접 프리킥 득점이나 마찬가지였다. 그러나 리버풀은 이 경기에서 두 차례나 앞서가는 골을 터트리고도 리드를 지키지 못했고, 후반 35분에는 끝내 역전 골까지 허용해 2-3으로 패색이 짙은 상황에 몰렸다. 리버풀은 미드필더 매칼리스터 대신 수비수 조 고메스를 교체로 투입했고, 아놀드는 미드필더 자리에서 활약하며 다시 승부를 뒤집기 위해 적극적으로 공격에 나서 위협적인 중거리 슈팅과 날카로운 코너킥으로 기회를 만들어냈다. 그리고 후반 42분, 마치 맨시티전 아놀드의 동점 골과 거의 똑같은 장면이 연출됐다. 이번에도 살라가 박스 바로 안에서 패스를 내줬고, 전진해 있던 수비형 미드필더 엔도 와타루가 받아 논스톱 중거리 슈팅으로 연결해 통렬한 동점 골을 터트렸다. 3-3 동점이 됐지만 리버풀은 그대로 만족하지 않았다. 동점을 만든 직후 또다시 오른쪽에서 공격을 거듭해 이번에는 코디 학포가 중거리 슈팅으로 골을 노렸고, 상대 골키퍼의 선방 이후 튀어나온 공을 다르윈 누녜스가 살려내 반대쪽으로 연결했다. 풀럼은 이 공을 필사적으로 걷어내려 했으나, 페널티 지역을 벗어나지 못한 공은 아놀드의 앞으로 연결됐다. 아놀드는 가슴 트래핑 이후 원 바운드 된 공을 몸을 틀어 하프 발리 슈팅으로 연결했고, 이 슈팅은 골키퍼의 시야가 가려져 있는 왼쪽 구석 골망을 흔들어 극적인 역전 결승골이 됐다. 리버풀의 4-3 재역전 승리, 안필드는 그야말로 열광의 도가니였다. 비록 선수단과 전술은 다소 개편됐지만 포기를 모르는 리버풀의 정신력은 그대로였고, 이를 대표하는 선수가 바로 아놀드였다. 극적인 승부들로 추진력을 얻은 리버풀은 시즌의 전환점인 19라운드부터 프리미어리그 선두에 등극하며 고공 행진을 이어가고 있었다. 그러던 2024년 1월 26일 아침, 누구도 예상하지 못했던 소식이 발표됐다. 모든 대회의 우승을 차지하며 리버풀에 다시 영광의 시대를 선사한 위르겐 클롭 감독이 이 시즌을 끝으로 지휘봉을 내려놓겠다고 발표한 것이다. 클롭 감독은 "많은 분들에게 충격적인 소식이겠지만 이번 시즌을 끝으로 구단을 떠날 예정입니다. 리버풀의 모든 걸 사랑하지만 에너지가 고갈됐어요. 당장은 아무 문제가 없더라도 이 일을 계속해서 할 수는 없다는 걸 알고 있습니다. 사실 지난 시즌 너무 힘든 시기를 보냈기 때문에 도중에 구단이 결별을 통보했더라도 어쩔 수 없었을 텐데, 팀을 다시 정상으로 돌려놓는 것만 생각했습니다. 리버풀은 더 힘든 시기도 극복해 온 팀이기 때문에 저와의 작별도 동기부여로 삼았으면 좋겠네요. 설령 모든 대회에서 우승하더라도 제 결정은 바뀌지 않겠지만, 리버풀은 언제든 성공을 거둘 좋은 기반을 갖췄습니다."라고 밝혔다. 이 소식은 아놀드에게 특히 큰 충격일 수밖에 없었다. 클롭은 아놀드에게 프로 무대에서 본격적인 기회를 준 첫 감독이었기 때문이다. 아놀드는 "예상하지 못한 소식이어서 농담인가 싶었습니다. 오전 10시 30분에 팀 미팅이 소집된 적이 없었는데 클롭 감독님이 이제는 가족과 함께할 시간이 필요하다며 이번 시즌을 끝으로 팀을 떠난다고 하시더군요. 몇 시간 동안은 선수들 모두 충격에 빠져 있었습니다. 클롭 감독님은 말 그대로 제 꿈을 이뤄주고 저와 가족들의 인생을 바꿔 놓으신 분이죠. 18~19살이 된 선수가 감독에게 바랄 수 있는 건 한 번의 기회라도 주는 것인데, 클롭 감독님은 저와 어깨동무를 하고 희로애락을 모두 함께하셨습니다. 당근과 채찍이 언제 필요한지를 아셨고, 꼭 축구 이야기가 아니더라도 감독님 방에 가서 조언을 구하고 솔직한 대화를 할 수 있었어요. 감독님께 많은 걸 배웠는데 미래를 생각하기보다는 당장 눈앞의 시즌, 경기, 훈련을 위해 전력을 다해야 한다는 게 가장 중요한 가르침이었습니다."라며 감사의 인사를 전했다. 그러나 시즌의 가장 중요한 시기에 가장 큰 시련이 찾아왔다. 아놀드가 선수 경력 처음으로 장기 부상을 당한 것이다. 주장 완장을 차고 출전해 도움까지 기록하며 리버풀의 2-0 승리를 이끈 FA컵 3라운드 아스널 원정에서 풀타임을 소화하기는 했지만 무릎에 불편을 느꼈고, 초기 검진 결과로는 인대에 약간의 손상이 발견된 정도였다. 리버풀이 모든 대회에서 우승 가능성을 바라보고 순항하고 있었기 때문에 아놀드는 세 경기만 휴식을 취한 뒤 복귀를 감행했다. 결과적으로 이 조급함은 독이 되어 돌아왔다. 복귀 이후 공식 대회 네 경기에서 채 150분도 소화하지 못한 채로 똑같은 부위에 부상이 재발했고, 이번에는 무릎 인대 손상이 심해 두 달 가까이 결장하게 된 것이다. 백업 멤버 브래들리와 조 고메스의 활약 덕분에 아놀드의 결장과 동시에 리버풀의 성적이 곤두박질치지는 않았지만, 리버풀 선수들에게는 부담이 쌓여가고 있었다. 2년 전과 마찬가지로 네 개 대회를 모두 소화하며 체력적으로 부담이 될 수밖에 없는

상황이었고, 게다가 이번에는 챔피언스리그 대신 유로파 리그에 참가하고 있었기에 주중 유럽 대회와 주말 리그 경기 사이에 휴식을 취할 시간은 더 줄어들어 있었다. 아놀드가 부상으로 자리를 비운 사이 국내 컵대회에서는 희비가 엇갈렸다. 리그컵에서는 또다시 결승에서 첼시를 만나 연장 혈투를 펼쳤는데, 리버풀은 유망주들을 대거 내보내고도 주전들이 총출동한 첼시에 밀리지 않는 경기력을 선보인 끝에 연장 후반 13분에 터진 주장 판 다이크의 헤더 결승골로 우승을 차지하며 클롭 감독에게 작별 선물을 안겼다. 반면에 FA컵에서는 숙적 맨유를 만나 역전과 재역전을 거듭하는 명승부 끝에 연장 후반 추가 시간에 통한의 결승 골을 내주면서 3-4로 패해 8강 탈락했다.

전력을 다해야 하는 경기들을 바쁘게 치르면서 리버풀의 페이스는 3월부터 급격하게 떨어지기 시작했다. 선수들의 체력이 바닥나 활동량은 줄어들어 고전하는 경기가 늘어났고, 어렵게 득점 기회를 만들더라도 골 결정력이 아쉬웠다. 유일하게 신뢰할 수 있는 득점력을 갖춘 공격수 살라마저도 시즌 도중 아프리카 네이션스컵에 다녀온 이후 근육 부상에 시달리며 부진에 빠졌고, 리버풀은 돌파구를 찾지 못한 채 아놀드 복귀 이후에도 반전을 만들어내는 데 실패했다. 결국 리버풀은 프리미어리그 우승 경쟁에서 자연스럽게 밀려나 3위로 시즌을 마무리했고, 유로파 리그에서는 당시 유럽 최고 수준의 압박을 부여주던 아탈란타를 8강에서 만나 1차전 홈 경기 0-3 패배라는 충격적인 결과를 받아들이며 합산 스코어 1-3으로 밀려 탈락했다.

이러한 결말을 볼 때 리버풀에서 클롭 감독의 시간이 끝날 때가 된 것은 명백했다. 클롭의 재임 기간 리버풀은 팬들과 최고의 유대감을 형성하며 롤러코스터와 같은 짜릿한 여정을 함께해왔고, 모든 최고 대회에서 우승 트로피를 들어 올리며 역사에 남을 만한 성과 또한 남겼다. 하지만 전술적으로 진화가 계속되고 경쟁의 수준이 더욱 치열해져만 가는 프리미어리그에서 클롭의 전술과 지배력이 서서히 한계를 드러내고 있던 것도 사실이었기 때문이다. 리버풀은 클롭과 추구하는 전술 색깔이 크게 다르지 않은 아르네 슬롯을 신임 감독으로 확정하고 새로운 시대를 준비하기 시작했다. 이와 함께 계약 기간을 1년밖에 남겨두지 않게 된 아놀드의 행보에도 시선이 집중될 수밖에 없었다.

2023-24 리버풀 시즌 기록

프리미어리그 28경기 중
23경기 선발 출전 3골 5도움

유로파리그 5경기 중
3경기 선발 출전 2도움

FA컵 2경기 중
1경기 선발 출전 1도움

리그컵 2경기
교체 출전 3도움

NEW BEGINNING

YOU'LL NEVER WALK ALONE

리버풀은 위르겐 클롭이라는 위대한 감독과 함께 8년이 넘는 시간을 함께했기 때문에 감독 교체가 가져올 혼란에 대한 우려는 클 수밖에 없었다. 맨유의 경우 알렉스 퍼거슨 감독 은퇴 이후로 10년 넘게 정상의 자리를 되찾지 못하고 있었기에 리버풀 또한 맨유만큼은 아니어도 당장은 쉽지 않은 시기를 보내게 되리라는 전망이 지배적이었다. 선수단의 계약 상황 또한 난관이었다. 공수의 핵심인 모하메드 살라, 버질 판 다이크, 그리고 트렌트 알렉산더-아놀드 세 선수가 계약 기간을 1년 남겨둔 상태에서두 재계약에 합의하지 못하고 있던 것이다. 이는 리버풀 구단 수뇌부의 혼란스러운 상황 탓이기도 했는데, 2022년부터 2024년 사이에 단장이 세 번이나 교체되면서 누구 하나가 확실하게 책임을 지고 계약 협상을 진행할 수가 없었다. 게다가 클롭이 이전 시즌을 끝으로 리버풀을 떠나겠다고 미리 선언했기 때문에 선수 입장에서는 후임 감독이 누구인지조차 모르는 상태에서 섣불리 재계약에 합의할 수도 없었다. 그나마 다행인 것은 감독 간의 '인수인계'가 확실했다는 점이다. 리버풀은 2024년 4월에 일찌감치 후임 감독으로 아르네 슬롯을 내정했고, 슬롯은 클롭 감독과 대화를 나누며 리버풀 선수들에 대해 파악할 시간을 충분히 가졌다. 게다가 클롭은 안필드에서 리버풀 팬들과 작별을 나누는 순간에도 슬롯의 이름을 연호하며 자신의 후임에 대한 전폭적인 응원과 지지를 당부했다. 슬롯과 리버풀 구단은 조용하고 영리하게 움직였다. 보통 신임 감독이 부임하게 되면 그 감독의 스타일에 맞는 선수들을 영입해서 팀을 개편하게 마련인데, 리버풀은 여름 이적 시장 막바지까지 단 한 명의 선수도 영입하지 않았다. 결국 유일한 영입은 유벤투스에서 부상 탓에 제 기량을 발휘하지 못하던 측면 공격수 페데리코 키에사뿐이었다. 이러한 행보를 지켜보고 리버풀의 성공을 예상한 사람은 거의 없었다. 그러나 슬롯 감독은 무리하게 특색 있는 전술을 시도하는 대신 공격수는 공격을 잘하고, 미드필더는 경기 운영을 잘하고, 수비수는 수비를 잘하도록 각자의 위치에서 책임을 다하며 실력을 발휘할 수 있도록 했다. 클롭 감독 시절의 몰아치는 전방 압박은 사라진 대신 수비형 미드필더 숫자를 하나 늘려 4-2-3-1 포메이션을 기반으로 안정적인 경기 운영을 우선하면서 후방 빌드업을 통해 조심스럽게 경기를 풀어갔다. 그 결과 클롭에서 슬롯으로의 변화는 너무나도 부드럽게 이뤄졌다. 대부분의 선수가 큰 변화에 적응할 필요 없이 자신의 포지션에 요구되는 역할만 해내면 됐기 때문에 유망주 미드필더 라이언 흐라벤베르흐와 측면 공격수 코디 학포 등이 잠재력을 만개하기 시작했고, 모하메드 살라는 프리미어리그 역대 최고 수준의 활약을 펼치며

> 리버풀은 유소년팀에 입단한 날부터 지금까지 20년 동안 제 인생이자 세계의 전부였습니다. 리버풀에 대한 제 사랑은 절대 사라지지 않을 겁니다.

- 아놀드의 고별사 중

상대 수비를 파괴했다. 아놀드는 가장 큰 변화를 맞이한 선수 중 하나였다. 클롭 체제에서는 수비수임에도 득점 기회 창출의 임무를 맡아 하프 스페이스와 중원을 오가며 다채로운 역할을 수행하고 있었는데, 슬롯은 아놀드가 라이트백 본연의 임무에 집중하도록 했다. 마침 아놀드는 잉글랜드 대표로 참가한 유로 2024에서 미드필더 역할을 맡았으나 첫 두 경기에서 기대만큼의 활약을 보여주지 못하면서 그대로 밀려나는 씁쓸한 결말을 맞이했기 때문에 슬롯 감독은 아놀드에게 미드필더로서나 인버티드 풀백으로서의 플레이는 기대하지 않았다. 아놀드는 "리버풀 선수 누구도 과거에 머물러 있으려 하지 않고 슬롯 감독의 새로운 방식에 적응하기 위해 노력했습니다. 8년간 클롭 감독의 방식에 익숙해져 있었기 때문에 전술적으로나 팀 내 역할 면에서나 어떠한 변화가 일어날지는 알 수 없었지만, 다행히 그 변화가 크지는 않았어요. 슬롯 감독은 굉장한 수준의 디테일을 갖춘 지도자이기 때문에 새롭게 많은 것을 배우고 더 발전할 수 있다는 느낌이었죠. 저의 경우 풀백에게 위치 선정이 얼마나 중요한지를 설명해 주셨는데, 공이 제 반대편인 왼쪽 측면에 가 있더라도 제 위치에 집중해야 했습니다."라고 역할 변화를 설명했다.

이 때문에 경기에서 아놀드가 번뜩이는 패스를 보여줄 기회가 현격하게 줄어든 대신, 수비에서의 부담도 크게 줄어들었다. 클롭은 아놀드에게 넓은 시야와 정확한 킥이라는 장기를 활용한 '아놀드만이 할 수 있는' 플레이를 맡겼다면, 슬롯은 아놀드에게 여느 라이트백도 할 수 있는 플레이를 맡기면서 기회가 있을 때만 장기를 발휘하도록 했다. 그렇다고 해서 슬롯이 의도적으로 아놀드를 중용하지 않으려던 것이 아니라, 팀이 최선의 경기를 펼칠 수 있도록 알맞은 역할을 맡긴 것뿐이다. 마찬가지로 클롭이 아놀드를 편애한 것도 아니고, 아놀드를 플레이 메이커처럼 활용하는 것이 리버풀에 최선이라고 판단했기 때문에 인버티드 풀백 역할을 맡겼던 것이다. 리버풀의 풀백들은 자기 진영에서는 사이드 라인 가까이에 붙어 있다가 공격 시에는 상대 센터백과 풀백 사이 공간으로 침투하는 데 집중했고, 이러한 움직임에 상대 수비수들이 따라 움직이며 페널티 지역 주변 공간이 열린 덕분에 양쪽 측면 공격수인 살라와 학포는 어느 때보다 자유롭게 골을 노릴 수 있었다. 아놀드는 팀이 요구하는 역할을 성실하게 수행하면서도 기회가 왔을 때는

번뜩이는 킥으로 프리미어리그에서만 두 자릿수의 공격 포인트를 달성하며 흠잡을 데 없는 활약을 펼쳤다. 상대 수비 라인을 뚫는 공간 패스 또한 61회로 맨유의 공격형 미드필더 브루누 페르난데스에 이어 전체 2위에 올라 여전히 리그 최고 수준이었다. 수비수 중에서는 토트넘의 공격적인 인버티드 풀백인 페드로 포로가 아놀드에 이은 2위인데, 포로의 기록은 아놀드보다 25회나 적은 36회에 불과하다 (2025년 4월까지 기준). 슬롯 체제가 빠르게 자리를 잡으면서 리버풀은 시즌 초반부터 별다른 위기 없이 시즌 내내 순항을 이어갔다. 이미 리버풀 선수 개개인의 기량과 잠재력이 최고 수준이라고 판단하고 많은 영입을 진행하지 않은 슬롯의 선견지명이 빛을 발한 결과였다. 오히려 맨시티는 팀의 핵심 미드필더 로드리가 장기 부상으로 이탈하면서 일찌감치 우승 경쟁에서 밀려났고, 아스널 또한 에이스 부카요 사카가 부상을 당하고 주장 마틴 외데고르도 기복이 심한 모습을 보이면서 리버풀의 거침없는 행보를 따라잡지 못했다. 리버풀은 10라운드까지 8승 1무 1패의 성적으로 프리미어리그 선두에 올라선 이후 멈추지 않고 질주를 이어갔다. 일찌감치 리버풀의 우승 가능성이 높아지자 시선은 주축 선수들의 재계약에 쏠리기 시작했다. 특히나 아놀드를 둘러싼 관심이 뜨거웠는데, 그도 그럴 것이 아놀드는 평범한 선수가 아니라 리버풀의 팬이자 유소년팀 출신 선수였기에 더 큰 헌신을 기대받을 수밖에 없었다. 아놀드도 평소 리버풀에 대한 애정을 숨기지 않았고, 자신의 우상인 스티븐 제라드처럼 주장까지 맡는 것이 꿈이라고 말한 바 있었다. 그러나 아놀드에게는 또 하나의 꿈이 있었는데, 그건 바로 풀백으로서 최초로 유럽 무대 최고의 선수에게 주어지는 발롱도르 수상자가 되는 것이었다. 현실적으로 이 꿈을 가장 빠르게 이루기 위해서는 챔피언스리그 우승을 매 시즌 노릴 수 있는 스페인의 거함 레알 마드리드로 이적하는 것이 최선의 선택지로 보였다. 실제로 레알 마드리드는 일찌감치 아놀드를 2025년 여름 자유 계약으로 영입하기 위한 관심을 보이기 시작했고, 레알의 주축 미드필더이자 아놀드의 절친한 친구인 주드 벨링엄의 존재도 마드리드로의 이적설에 불을 지폈다. 게다가 아놀드가 자신의 거취에 대해 확답을 하지 않은 채로 추측이 이어지도록 놓아두면서 리버풀의 팬심은 들끓기 시작했다. 1월 이적 시장에서는 주전 라이트백

다니 카르바할을 십자인대 부상으로
잃은 레알이 리버풀에 아놀드의 영입을
문의하기까지 했다. 리버풀은 이를 단칼에
거절했으나, 언론들은 아놀드가 사실상
레알과 이적 협상을 마무리하는 단계라고
보도하기 시작했다. 거취에 둘러싼 잡음이
나오는 가운데서도 아놀드는 묵묵히
자신의 역할을 해내며 시즌을 소화하고
있었지만, 하필 부상으로 자리를 비운
컵 대회에서 리버풀은 연달아 패배하며
아놀드의 공백을 절감했다. FA컵에서는
2부 리그인 챔피언십에서도 하위권에
자리한 플리머스 아가일과 원정 경기를
치러 충격적인 0-1 패배를 당했다. 아무리
로테이션을 가동했다지만 리버풀의
자존심에 금이 가는 패배였고, 슬롯
감독이 경험한 첫 실패이기도 했다.
챔피언스리그에서는 리그 페이즈를 1위로
여유롭게 통과하고도 16강에서 프랑스
최강팀 파리 생제르맹(PSG)과 맞대결을
펼쳐 승부차기 끝에 탈락하고 말았다.
PSG는 루이스 엔리케 감독과 두 번째
시즌을 보내고 있었기 때문에 리버풀보다는
팀으로서의 완성도가 뛰어났다. 아놀드가
풀타임을 소화한 1차전 원정 경기에서는
1-0으로 승리를 거뒀는데, 2차전 홈
경기에서는 아놀드가 발목 부상으로
후반 28분에 교체되어 나가는 불운이
발생했다. 리버풀은 전반 12분 우스망
덴벨레에게 내준 실점을 끝까지 만회하지
못했고, 승부차기에서는 살라만이 득점에
성공했을 뿐 다르윈 누녜스와 커티스
존스의 슈팅이 잔루이지 돈나룸마 골키퍼의 선방에 막히며
1-4로 무기력하게 패했다. 하필 챔피언스리그에서 탈락한
지 5일 만에 뉴캐슬과의 리그컵 결승이 기다리고 있었다.
이는 슬롯 감독 체제에서 치른 최악의 경기가 되고 말았다.
리버풀 선수들은 신체적으로나 정신적으로나 지친 듯한
모습으로 뉴캐슬 선수들의 움직임 자체를 따라가지 못했고,
후반 7분 만에 0-2로 뒤처진 끝에 페데리코 키에사가 후반
추가 시간 4분에야 만회 골을 넣어 1-2로 패하고 말았다.

리버풀은 경기 막바지까지 이렇다 할 득점 기회도 만들지
못했고 그나마 마무리 슈팅마저도 정확도가 떨어졌다.
부상으로 빠진 아놀드는 이 모습을 그저 지켜보는 수밖에
없었다. 그렇지만 리버풀은 어디까지나 감독 교체와 함께
변화의 시기를 보내는 중이었고, 슬롯은 부임 첫 시즌
별다른 영입조차 없이 팀의 기초를 다지는 중이었기에
실망할 필요는 없었다. 시즌 개막 이전에 리버풀 팬들이
기대했던 성적은 프리미어리그 4위권 진입과 컵 대회에서의

차례로 재계약에 합의하면서 슬롯 체제에 힘을 실어줬다. 그러나 아놀드만은 여전히 거취에 관한 질문에 입을 꾹 다물고 있었고, 결국에는 팬들의 배신감이 공개적으로 표출되기 시작했다. 안필드 주위 건물에 '충성심과 돈, 친구와 배신자 중 선택을 해라 트렌트'라는 문구가 적힌 포스터가 나붙었다. 여섯 살의 나이부터 20년이나 리버풀에 몸 담아온 아놀드로서는 씁쓸한 사건이었다. 아놀드의 행보에 대한 의견은 양분됐다. 팬들의 순수한 마음으로는 배신감을 느끼는 것도 이해할 수 있었다. 특히나 챔피언스리그에서 여러 차례 리버풀에 패배를 안긴 레알 마드리드로, 그것도 이적료조차 없이 떠나는 것은 자존심이 상하는 일이었다. 리버풀도 여섯 차례나 정상에 오르며 레알과 AC 밀란에 이어 최다 우승 3위를 기록 중인 팀이기 때문에 팬들은 아놀드가 리버풀에 남아 레알을 꺾어주길 기대하는 게 당연했다. 반면에 경력 내내 한 팀에 헌신하는 '원 클럽 맨'이 사라져 가는 시대에, 리버풀에서 모든 대회의 우승을 차지한 아놀드가 새로운 무대로 가서 새로운 도전을 해보고 싶은 것도 이해할 수 있는 일이었다. 잉글랜드를 대표하는 축구 스타 중 하나인 데이비드 베컴처럼 레알, 밀란, PSG 등 여러 리그의 최고팀을 누비며 활약한 사례도 있었고, 가깝게는 주드 벨링엄 또한 도르트문트와 레알을 경험하며 성장을 거듭하기도 했다. 자유 계약 신분으로 떠나게 되면 리버풀에 거액의 이적료를 안겨줄 수 없다는 점은 비판의 대상이 될 수 있지만, 애초에 아놀드는 유소년팀 출신 선수이기 때문에 리버풀이 이적료를 투자한 적도 없어 구단에 손해를 끼치고 떠나는 것은 아니었다. 이에 대해 주장인 판 다이크는 "제가 리버풀에서 뛰기 시작한 이래로 아놀드는 언제나 환상적인 활약을 펼쳐왔습니다. 팀을 떠나더라도 좋은 모습들로 기억될 거예요. 어떤 선택을 할지는 모르겠지만 그건 아놀드 본인과 가족들이 결정할 일입니다."라며 아놀드의 선택에 대한 존중을

선전이었다. 리버풀은 분명히 그 기대를 뛰어넘는 모습을 보여줬고, 무엇보다 프리미어리그에서 시즌 내내 독주하며 우승에 근접한 것은 특별한 성과였다. 리버풀은 2019-20 시즌 프리미어리그 정상에 오르며 30년 만의 1부 리그 우승이라는 숙원을 풀었지만, 당시에는 코로나 감염증의 영향으로 우승 현장에서 팬들과 기쁨을 나누지 못했던 아쉬움이 남아 있었다. 프리미어리그 우승이 확정적으로 보이기 시작한 2025년 4월 들어 살라와 판 다이크가

당부했다. 프리미어리그 우승이 눈앞으로 다가온 2025년 4월 20일, 리버풀은 19위 레스터 시티를 상대로 원정길에 올랐다. 전력상으로는 한 수 아래의 상대였지만 레스터가 강등의 운명을 한 경기라도 뒤로 미루기 위해 홈 팬들 앞에서 전력을 다하자 리버풀도 쉽사리 상대를 제압하기는 어려웠다. 아놀드 대신 선발로 나선 라이트백 코너 브래들리는 공격에 적극 가담해 살라를 도왔지만, 공간을 거의 내주지 않은 레스터 수비를 공략하지는 못하고 있었다. 아놀드는 0-0 상황에서 후반 26분 브래들리 대신 교체 투입됐다. 그리고 후반 31분 리버풀의 코너킥 공격에서 살라와 알렉시스 매칼리스터의 슈팅이 연달아 골대를 맞고 나온 이후 상대 수비가 멀리 걷어내지 못한 공을 아놀드가 통렬한 원 바운드 발리 슈팅으로 연결해 결승골을 터트렸다. 이는 아놀드의 리버풀 통산 23번째 골이었고, 22골을 오른발로 기록한 이후 첫 왼발 슈팅으로 만들어낸 특별한 득점이었다. 세리머니는 더욱 특별했다. 평소 경기 도중에는 침착한 모습을 더 많이 보여주는 아놀드인데, 이 득점 이후에는 유니폼 상의를 벗어 던지며 리버풀 원정 팬들 앞으로 달려가 어느 때보다 열정이 넘치게 기쁨을 나타냈다. 아놀드는 "골을 터트려 승리를 거두고 우승에 근접하게 되는 건 평생 기억하게 될 특별한 순간입니다."라면서도 거취에 대해서는 말을 아끼는 모습을 보여 리버풀에서의 마지막 순간들을 음미하는 것이 아니냐는 추측을 낳았다. 이어진 경기는 비기기만 해도 우승이 확정되는 토트넘과의 홈 맞대결이었다. 안필드는 경기 시작 전부터 완벽하게 붉게 물들어 축제 분위기로 가득했고, 경기장 주변까지도 리버풀 팬들이 거리를 가득 메웠다. 리버풀은 그 분위기에 걸맞은 경기를 선보이며 5-1 대승을 거두고 34라운드에 여유롭게 우승을 확정 지었다. 이번에는 텅 빈 경기장이 아닌 팬들의 함성이 가득한 안필드에서 이뤄낸 우승이었고, 승리 이후 도열한 리버풀 선수들 앞에서 팬들은 응원가 'You'll Never Walk Alone'를 열창하며 환희를 만끽했다. 리버풀의 잉글랜드 1부 리그 통산 20번째 우승, 숙적 맨유와 최다 우승 팀으로 어깨를 나란히 하게 되는 순간이었다. 경기가 끝난 이후 존 헨리 리버풀 구단주가 아놀드에게 '옳은 결정을 내리라'고 말하는 장면이 언론에 포착되기도 했는데, 결국 리버풀의 우승이 확정되고 2024-25 시즌이 막을 내리기 전에 아놀드는 자신의 결정을 직접 발표했다. 리버풀에 더는 잔류하지 않고 새로운 도전을 선택하겠다는 메시지였다. 우승이 확정됐으니 팀의 집중력을 해칠 일도 적고, 잔여 홈 경기가 남아 있는 상태에서 떠나는 이유를 제대로 설명한 뒤 당당하게 팬들을 직접 마주하고 인사를 건네려던 의도로 보인다. "리버풀과 20년을 함께했고, 이번 시즌을 끝으로 팀을 떠날 때가 됐다는 말씀을 드리려고 합니다. 당연히 제 평생에 가장 힘든 결정이었어요. 그동안 제 거취를 궁금해하시는 분들도 답답해하시는 분들도 많았는데, 침묵을 지킨 건 리버풀이 통산 20번째 리그 우승을

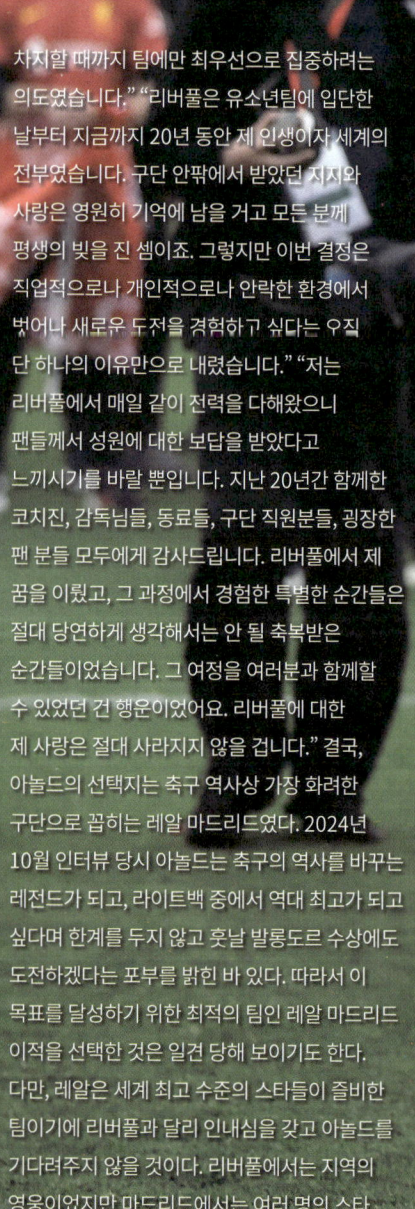

차지할 때까지 팀에만 최우선으로 집중하려는 의도였습니다." 리버풀은 유소년팀에 입단한 날부터 지금까지 20년 동안 제 인생이자 세계의 전부였습니다. 구단 안팎에서 받았던 지지와 사랑은 영원히 기억에 남을 거고 모든 분께 평생의 빚을 진 셈이죠. 그렇지만 이번 결정은 직업적으로나 개인적으로나 안락한 환경에서 벗어나 새로운 도전을 경험하고 싶다는 오직 단 하나의 이유만으로 내렸습니다." "저는 리버풀에서 매일 같이 전력을 다해왔으니 팬들께서 성원에 대한 보답을 받았다고 느끼시기를 바랄 뿐입니다. 지난 20년간 함께한 코치진, 감독님들, 동료들, 구단 직원분들, 굉장한 팬 분들 모두에게 감사드립니다. 리버풀에서 제 꿈을 이뤘고, 그 과정에서 경험한 특별한 순간들은 절대 당연하게 생각해서는 안 될 축복받은 순간들이었습니다. 그 여정을 여러분과 함께할 수 있었던 건 행운이었어요. 리버풀에 대한 제 사랑은 절대 사라지지 않을 겁니다." 결국, 아놀드의 선택지는 축구 역사상 가장 화려한 구단으로 꼽히는 레알 마드리드였다. 2024년 10월 인터뷰 당시 아놀드는 축구의 역사를 바꾸는 레전드가 되고, 라이트백 중에서 역대 최고가 되고 싶다며 한계를 두지 않고 훗날 발롱도르 수상에도 도전하겠다는 포부를 밝힌 바 있다. 따라서 이 목표를 달성하기 위한 최적의 팀인 레알 마드리드 이적을 선택한 것은 일견 당해 보이기도 한다. 다만, 레알은 세계 최고 수준의 스타들이 즐비한 팀이기에 리버풀과 달리 인내심을 갖고 아놀드를 기다려주지 않을 것이다. 리버풀에서는 지역의 영웅이었지만 마드리드에서는 여러 명의 스타

2024-25 리버풀 시즌 기록

프리미어리그 33경기 중
28경기 선발 출전 3골 6도움

챔피언스리그 8경기 중
7경기 선발 출전 1도움

FA컵 1경기
선발 출전 1골

리그컵 2경기 중
1경기 선발 출전

중 하나에 불과하다. 이러한 상황에서 햄스트링 부상을 당하며 전력에서 이탈한 것은 최악의 출발이다. 팀 자체도 카를로 안첼로티에서 사비 알론소로 사령탑을 교체하며 재편에 나섰기 때문에 기존 선수들과 같은 출발선에서 새 감독에게 실력을 인정받을 중요한 시기를 놓친 셈이다. 장기적으로는 전술적인 활용도가 큰 선수이기에 역량이 뛰어난 알론소 감독 밑에서도 충분히 활약할 수 있겠지만, 늘 최고의 플레이와 승리를 요구하는 레알에서는 최대한 빠르게 반응을 이뤄낼 필요가 있다. 리버풀에서 여섯 살 때부터 성장하며 주요 대회의 우승을 모두 차지하고 팀을 잉글랜드 최고의 명문 자리로 돌려놓은 성과만으로도 아놀드를 리버풀의 레전드 반열에 올려놓기에는 충분하다. 그러나 자유 계약 신분으로 이적료 없이 작별을 고하면서 팬들과의 유대감에는 어느 정도 상처가 생길 수밖에 없었다. 앞으로 자신이 안긴 상처 이상의 성과를 보여주며 목표로 했던 최고의 자리에 오르는 것이 아놀드의 과제가 됐다. 새로운 도전에 임하며 리버풀에서 성장해온 과정과 팬들이 보내준 성원, 자신이 해온 헌신을 잊지 않는다면 아놀드는 앞으로도 결코 홀로 걷지 않을 것이다.

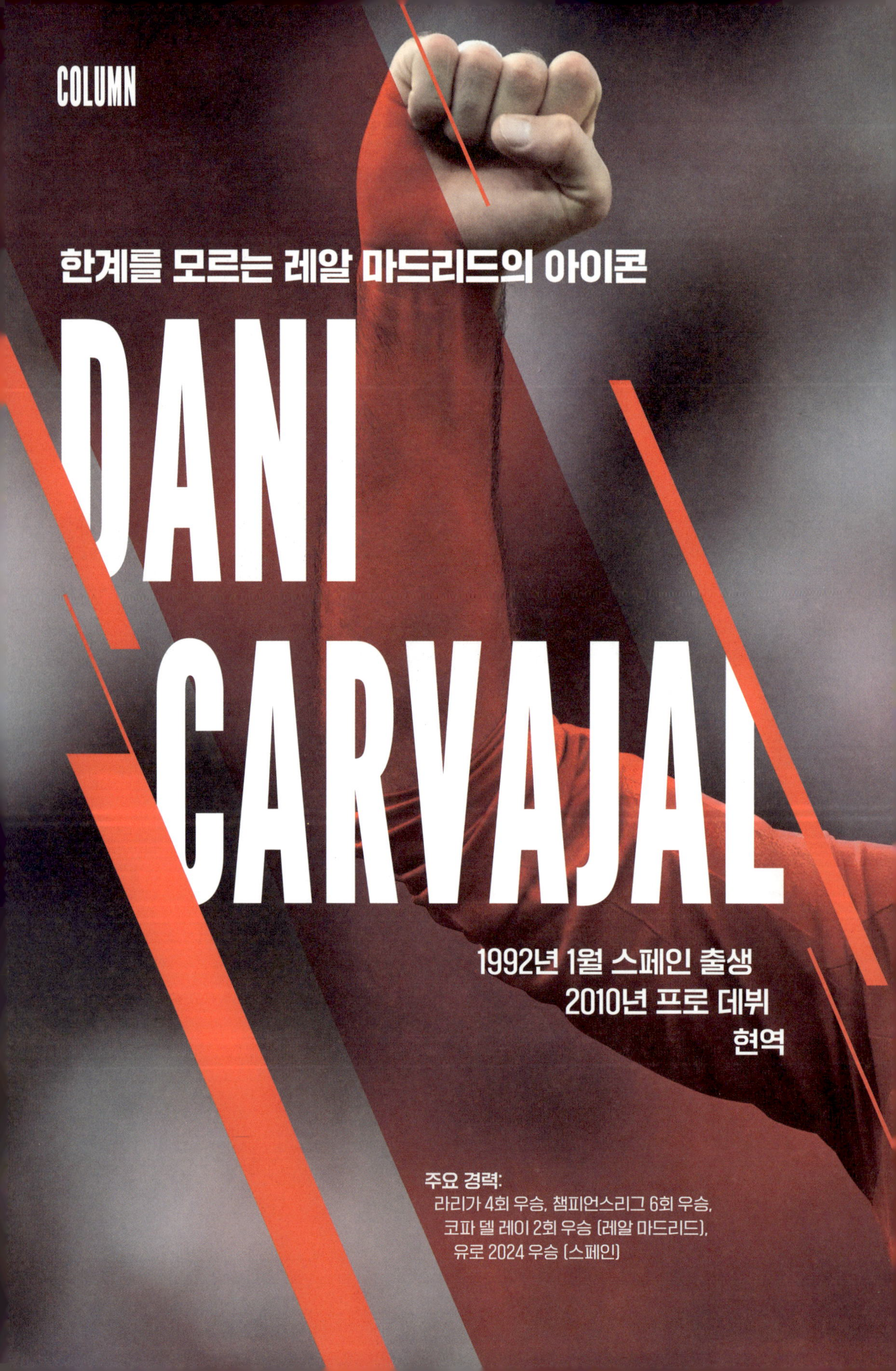

COLUMN

한계를 모르는 레알 마드리드의 아이콘

DANI CARVAJAL

1992년 1월 스페인 출생
2010년 프로 데뷔
현역

주요 경력:
라리가 4회 우승, 챔피언스리그 6회 우승,
코파 델 레이 2회 우승 (레알 마드리드),
유로 2024 우승 (스페인)

챔피언스리그 6회 우승. 현재 축구계에서 가장 수준이 높은 대회에서 여섯 번이나 정상에 올랐다는 사실 하나만으로도 카르바할이 얼마나 위대한 선수인지가 설명된다. 이는 대회 역사상 선수 개인의 최다 우승 기록 공동 1위로, 21세기에는 카르바할의 레알 마드리드 동료들인 루카 모드리치, 토니 크로스, 나초 페르난데스가 그와 어깨를 나란히 하고 있다. 마드리드 외곽 지역인 레가네스에서 태어난 카르바할은 지역팀인 레만에서 유소년 축구를 시작했는데, 구단의 시설이 좋은 편이 아니라서 울퉁불퉁한 잔디 위에서 훈련하며 실력을 키워야 했다. 열악한 환경에서도 카르바할의 재능은 일찌감치 빛나기 시작했고, 특히나 빠른 스피드와 영리한 위치 선정 능력, 엄청난 투지로 주목을 받았다, 레만은 카르바할이 출전한 경기에서 패하는 일이 거의 없을 정도였다. 높은 전술 이해도를 바탕으로 경기장의 넓은 영역을 커버하는 뛰어난 모습을 보이자 레알 유소년팀이 10살이 되던 해에 카르바할을 영입해 본격적으로 육성하기 시작했다. 카르바할은 다재다능함과 특유의 강한 정신력으로 레알 유소년팀에서 빠르게 성장했고, 18살의 나이에 레알 B팀의 주전 자리를 꿰차고 주장까지 맡아 당시 5년째 3부 리그에 머무르던 팀을 2부 리그로 올려놓는 성공을 거뒀다. 2부 리그에서도 좋은 활약을 이어갔지만 레알 1군 진입은 차원이 다른 도전이었고, 이에 카르바할은 스무 살이 되던 해 독일 분데스리가의 명문 바이엘 레버쿠젠으로 이적해 본격적으로 최고 수준의 무대를 경험하게 됐다. 레알은 구단 최고의 유망주 중 하나였던 카르바할을 쉽게 잃을 수 없었기에 재영입 권리를 3년간 보유하는 조건으로만 이적을 허락했다. 레버쿠젠 이적은 최고의 선택이 됐다. 카르바할은 분데스리가 데뷔전에서부터 좋은 활약을 펼쳐 이 주의 팀에 선정돼 주목을 받았고, 2012-13 시즌 내내 공수 양면에서 활약한 끝에 분데스리가 최고의 라이트백 세 명 중 하나로 꼽히기까지 했다. 당시 카르바할을 제치고 베스트팀에 선정된 라이트백은 바로 바이에른 뮌헨의 필립 람이었다. 카르바할은 레버쿠젠에서의 경험에 대해 "다른 나라, 다른 리그에서 홀로 생활하며 많은 걸 배웠습니다. 인간적으로도 많이 성숙했고, 최고 수준의 축구와 유럽 대회를 경험할 수 있었죠. 전술적으로나 신체적으로나 더 나은 선수가 되려면 어떠한 노력이 필요한지 알게 됐고, 전술적으로는 전보다 완성된 것 같아요. 경기 흐름을 읽는 능력이나 스피드, 크로스 등 원래의 장점은 더욱 강화했습니다."라며 자신의 발전에 반드시 필요한 시간이었다고 설명했다. 카르바할의 눈부신 활약을 레알이 외면할 리 없었다. 2013년 여름 곧바로 재영입 권리를 사용해서 카르바할은 마드리드로 금의환향하게 됐다. 카르바할은 "마드리드에서 자란 모든 아이들의 꿈은 레알에서 뛰는 것입니다. 모두의 꿈이지만 이를 이루는 경우는 거의 없죠. 저는 운 좋게 꿈을 이루게 됐으니 레알에서의 모든 순간을 즐기겠습니다."라는 소감을 밝혔다. 레알에서의 첫 시즌부터 큰 성공이 찾아왔다. 어린 시절부터 두각을 나타낸 완벽한 위치 선정 능력은 여전했고, 독일 무대에서 새로운 전술과 경기 스타일을 경험하며 시야는 더욱 넓어져 있었다. 카르바할은 상대의 공격 흐름을 예측하고 패스를 차단하는 움직임으로 21세의 어린 나이에도 수비 면에서 안정적인 활약을 펼쳤고, 공격에도 적극 가담해 화려한 공격 기술을 갖춘 동료들에게 공간을 만들어주면서 공수 모두에서 카를로 안첼로티 감독으로부터 합격점을 받았다. 기복 없이 매 경기 수준 이상의 활약을 펼쳐주니 감독 입장에서는 더 바랄 게 없을 정도였다. 레알은 챔피언스리그와 코파 델 레이에서 더블 우승을 차지하는 화려한 시즌을 보냈고, 카르바할은 공식 대회 45경기를 소화하며 순식간에 유망주에서 유럽 최고의 라이트백 중 하나로 도약했다. 챔피언스리그에서는 아틀레티코 마드리드와의 결승전에서 연장 후반까지 120분을 모두 소화하며 시즌 베스트 팀에 선정되기도 했고, 바르셀로나와의 코파 델 레이 결승에서도 풀타임을 소화하며 중요한 경기 때마다 최고의 활약을 펼쳤다. 챔피언스리그 결승전 당시 120분 풀타임을 소화하는 모습에서도 볼 수 있듯이 카르바할의 가장 큰 장점 중 하나는 바로 경기 내내 일정 수준 이상의 스피드를 유지하며 뛰어다닐 정도로 강한 체력이다. 레알 코치들은 카르바할이 항상 누구보다도 완벽한 몸 상태로 훈련장에 나온다고 말하기도 했는데, 워낙 투지가 강했던 카르바할은 평소에도 철저하게 준비된 상태로 언제든 팀을 위해 헌신할 수 있는 선수였다. 그러나 매 순간 전력을 쏟다 보니 선수 생활 내내 부상이 따라다니기도 했다. 이는 카르바할의 유일한 단점이기도 하다. 발목, 햄스트링, 허벅지, 종아리, 무릎까지 부상을 당하지 않은 부위가 없을 정도였고 2017년에는 심장에도 이상이 생겨 몇 주간 휴식을 취해야 했다. 카르바할의 선수 경력은 신체의 한계를 넘어서려는 정신력의 싸움으로 보이기까지 한다. 부상 때마다 복귀에 전념하며 더 강해져서 돌아왔고, 유산소 운동으로 킥복싱을 선택해 신체를 단련하는 한편 식단까지도 엄격하게 관리하며 최고의 프로다운 태도를 유지했다. 그 덕분에 카르바할은 화려하기 그지없는 레알 선수단에서 리더 중 하나로서 인정받을 수 있었다. 부상이라는 불운으로 점철된 경력을 보내면서도 누구보다 많은 성공을 거둔 선수인 것이다. 전술적으로는 지네딘 지단 감독과 함께 축구 역사상 최고의 업적 중 하나로 꼽히는 챔피언스리그 3연속 우승을 차지하며 발전을 거듭했다. 카르바할은 지단 감독 부임 초기부터 확실한 주전 라이트백 자리를 굳건하게 지켰고, 특히나 큰 경기에서는 더욱 뛰어난

정신력을 발휘해 대체가 불가능한 존재감을 보여줬다. 공격 가담은 전보다 늘어났는데, 왼발을 사용하는 가레스 베일이 오른쪽에서 뛰면서 중앙으로 치고 들어가는 돌파 위주의 플레이를 펼칠 때면 카르바할이 사이드라인을 타고 전진해 크로스를 시도했고, 베일이 측면으로 넓게 벌리면 하프 스페이스로 침투하는 역동적인 움직임으로 주위 동료들과 원투 패스를 시도하며 상대 수비를 공략했다. 크로스의 정확도도 뛰어나 2016-17 시즌 챔피언스리그에서는 5도움을 기록하며 레알의 우승에 힘을 보탰고, 그중 하나는 유벤투스를 4-1로 꺾은 결승전에서 나온 크리스티아누 호날두의 선제골이었다. 풀백들은 나이가 30대에 접어들면 일단 스피드가 떨어지기 시작하면서 기량을 유지하기가 어려운데, 카르바할은 꾸준한 몸 관리 덕분에 오히려 더 많은 경기를 소화하며 레알이 2020-21 시즌과 2023-24 시즌 라리가, 챔피언스리그 더블 우승을 차지하는 데 핵심적인 역할을 해냈다. 특히나 2023-24 시즌에는 32세의 나이로 자신의 선수 경력에서 한 시즌 공식 대회 최다 득점인 여섯 골을 기록하기도 했고, 보루시아 도르트문트와의 챔피언스리그 결승전에서는 골키퍼까지 돌파당한 상황에서 상대 공격수를 끝까지 쫓아가 슈팅을 차단한 데 이어 코너킥 상황에서 감각적인 헤더로 선제 결승 골까지 득점하는 공수 양면의 만점 활약으로 경기 최우수 선수로 선정되기까지 했다. 그리고 시즌을 마친 여름에는 유로 2024 정상에 오르며 스페인 국가대표로서도 마침내 우승 트로피를 손에 넣고, 크로아티아와의 조별 라운드 맞대결을 통해 자신의 유일한 A매치 득점 또한 기록했다. 비록 2024-25 시즌에는 십자인대 부상이라는 큰 불운이 찾아와 또다시 쓰러졌지만, 레알은 카르바할과 2026년 여름까지 재계약을 체결해 그동안의 헌신에 대한 감사와 존경을 표시하며 또 한 번의 성공적인 복귀를 믿어 의심치 않고 있다. 레알의 하얀 유니폼을 입고 뛰겠다는 마드리드 소년들의 꿈을 이룬 카르바할은 이미 마드리드 소년들의 꿈이 되어 있다. 카르바할은 "레알 마드리드의 유망주들에게 본보기가 될 수 있다는 건 엄청난 자부심이 느껴지는 일입니다. 레알 1군에서 뛰려면 정말 높은 수준에 도달해야 하죠. 저의 경우 재영입 조항을 포함해서 이적을 했다가 일이 아주 잘 풀렸고, 이러한 사례가 어린 선수들이 최고 수준까지 발전하는 데 도움이 되길 바랍니다."라며 새로운 세대의 성장에 기대를 나타냈다.

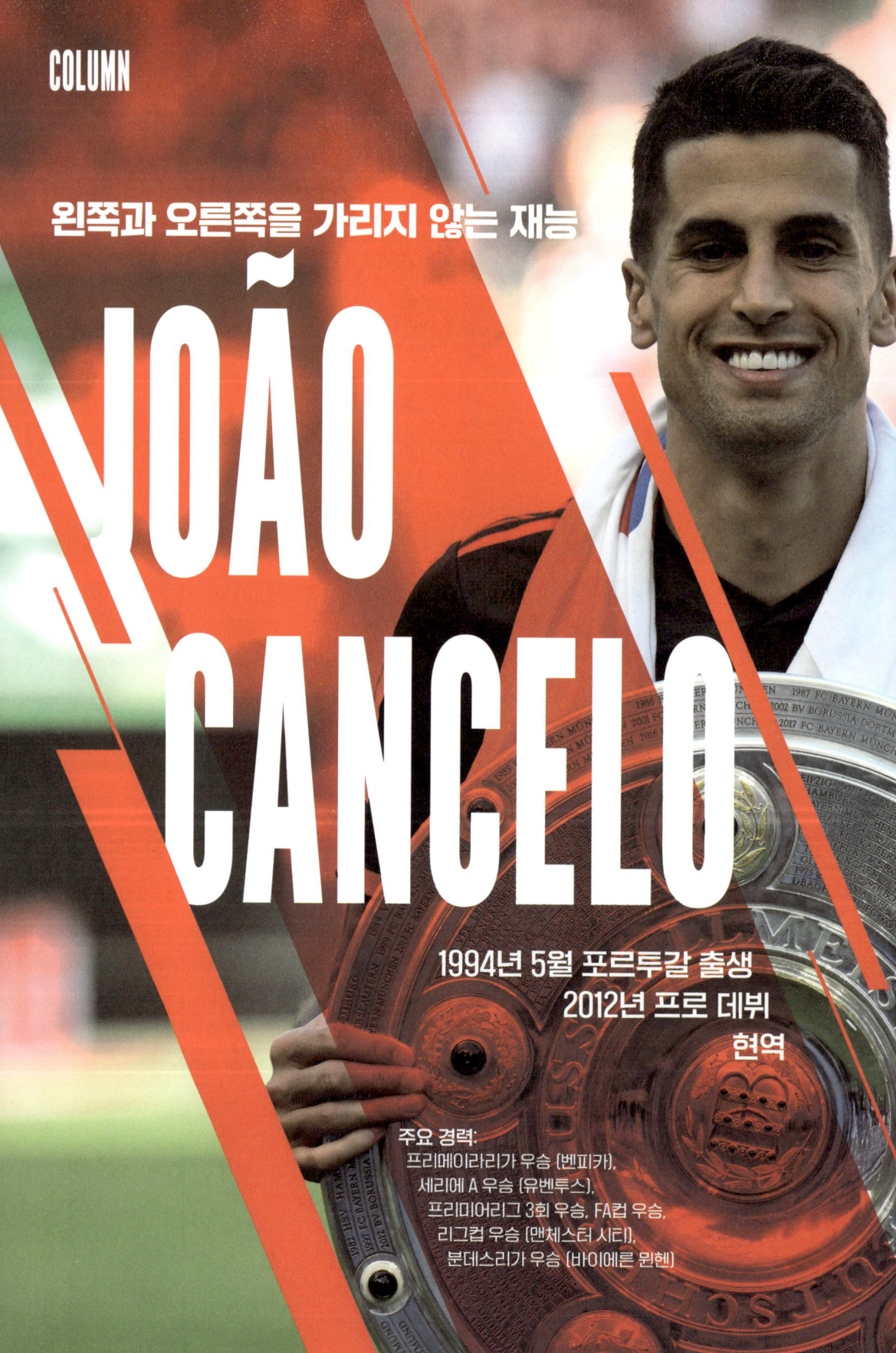

COLUMN

왼쪽과 오른쪽을 가리지 않는 재능

JOÃO CANCELO

1994년 5월 포르투갈 출생
2012년 프로 데뷔
현역

주요 경력:
프리메이라리가 우승 (벤피카),
세리에 A 우승 (유벤투스),
프리미어리그 3회 우승, FA컵 우승,
리그컵 우승 (맨체스터 시티),
분데스리가 우승 (바이에른 뮌헨)

펩 과르디올라 감독에게 바르셀로나에서 다니 알베스, 바이에른 뮌헨에서 필립 람이 있었다면 맨체스터 시티(맨시티)에서는 주앙 칸셀루가 있었다고 할 수 있다. 세 선수 모두 인버티드 풀백으로 기용돼 팀에서 비슷한 역할을 맡기는 했지만, 알베스가 연계 플레이, 람은 경기 조율에 뛰어난 반면 칸셀루는 개인 기술을 활용한 드리블 돌파와 양쪽 발을 모두 활용한 날카로운 크로스로 득점 기회를 만드는 데 특화된 풀백이다. 과르디올라는 한 명의 감독 밑에서도 각자의 개성을 지닌 선수들이 다양하게 활용되는 것을 보면 풀백이 최신 전술 흐름에서 얼마나 다양한 역할을 해내는지 알 수 있다. 칸셀루는 벤피카 유소년팀에 입단한 13세 때부터 풀백 포지션을 맡아 일찌감치 잠재력을 인정받아 빠른 속도로 성장했고, 동갑내기 친구 베르나르도 실바와 함께 유소년팀에서 활약하며 많은 성공을 거뒀다. 18살이 되던 해부터는 성인 무대인 벤피카 2군에서도 두각을 나타내 곧바로 고국 포르투갈 무대를 떠나 빅 리그 입성을 모색하기 시작했다. 이 때문에 정작 벤피카 1군에서는 단 한 경기에만 모습을 드러내고는 임대 후 완전 이적 형태로 스페인의 발렌시아에 입단하게 됐다. 당시 발렌시아는 싱가포르 출신 사업가 피터 림에게 인수되는 과정이었고, 칸셀루는 피터 림 체제 초기의 영입 선수 중 한 명이다. 림 구단주는 포르투갈 출신의 슈퍼 에이전트 조르제 멘데스를 전적으로 신뢰해 감독 선임과 선수 영입 과정을 맡겨 놓다시피 했고, 멘데스의 영향으로 발렌시아에는 칸셀루를 비롯해 여러 포르투갈 출신 선수들이 입성하게 됐다. 당시 감독인 누누 에스피리투 산투 또한 멘데스의 고객인 포르투갈 출신 지도자였다. 칸셀루는 한 팀에 4년 넘게 남아 재계약을 체결하는 법 없이 이적을 거듭했는데, 이는 멘데스의 영향도 있었음을 짐작해볼 수 있다. 그러나 정작 누누 감독과 칸셀루의 궁합은 좋지 않았다. 칸셀루의 장점은 공을 가졌을 때 어느 위치에서든 상대 수비에 균열을 일으킬 수 있는 드리블 능력인데, 누누는 발렌시아에서 빠른 공수 전환에 집중하는 역습 축구를 구사했기 때문에 칸셀루는 별다른 인상을 남기지 못한 채 안토니오 바라간에게 밀려 2014-15 시즌 공식 대회 13경기 출전에 그치는 로테이션 자원 역할에 만족해야 했다. 2015-16 시즌부터는 주전 도약에 성공해 장점인 공격력을 더 살리기 위해 측면 공격수와 수비수 역할을 오가면서 활약을 펼쳤으나, 발렌시아는 계속되는 감독 교체로 암흑기를 보내고 있었다. 피터 림 구단주와 멘데스에 대한 팬들의 비판이 거세진 가운데 자신의 잠재력을 어느 정도 증명하며 '제2의 다니 알베스가 될 재목'이라는 평가를 받은 칸셀루는 2017년 여름 또다시 임대 후 완전 이적 형태로 발렌시아를 떠나 인테르에 입단하게 됐다. 인테르 입단 직후에는 포르투갈 대표팀에 차출됐다가 당한 무릎 인대 부상으로 한 달 넘게 결장하는 불운이 찾아왔지만, 루치아노 스팔레티 감독의 지도와 함께 한 단계 기량을 업그레이드하면서 이탈리아 세리에 A 무대 최고의 풀백 중 하나로 성장하게 됐다. 스페인에서 개인 기량을 마음껏 펼치며 재능을 만개했다면 이탈리아에서는 전술적인 움직임을 익힐 수 있었고, 스팔레티는 일찌감치 칸셀루의 장점을 알아보고 팀의 상황에 따라 라이트백과 레프트백 자리에 고루 투입하며 활약을 유도했다. 그렇지만 칸셀루는 자기주장이 확실한 편이라서 감독의 지시에 순순히 따르는 선수가 아니었다. 스팔레티 감독이 처음 레프트백 자리에서 뛰라고 요구했을 때 칸셀루의 대답은 "저는 레프트백이 아닙니다."였을 정도다. 결국에는 멀티 포지션을 소화한 것이 칸셀루의 성장에 큰 도움이 되기는 했지만, 훗날 스팔레티 감독은 칸셀루가 경기에서 자신이 기대한 만큼 활약하지 못했을 경우 포지션 탓을 하며 불평불만이 꽤 많은 선수였다는 농담 섞인 폭로를 하기도 했다. 이렇듯 자신의 생각과 감정을 숨기지 않고 곧바로 드러내는 태도는 칸셀루가 여러 팀을 옮겨 다니게 된 원인 중 하나라고 볼 수 있다. 칸셀루는 2017-18 시즌 세리에 A 최고의 라이트백으로 선정되는 영예를 안았고, 이에 가치가 폭등하면서 재정 부담이 심하던 인테르는 영입을 포기할 수밖에 없었다. 대신에 유벤투스가 4천만 유로의 이적료를

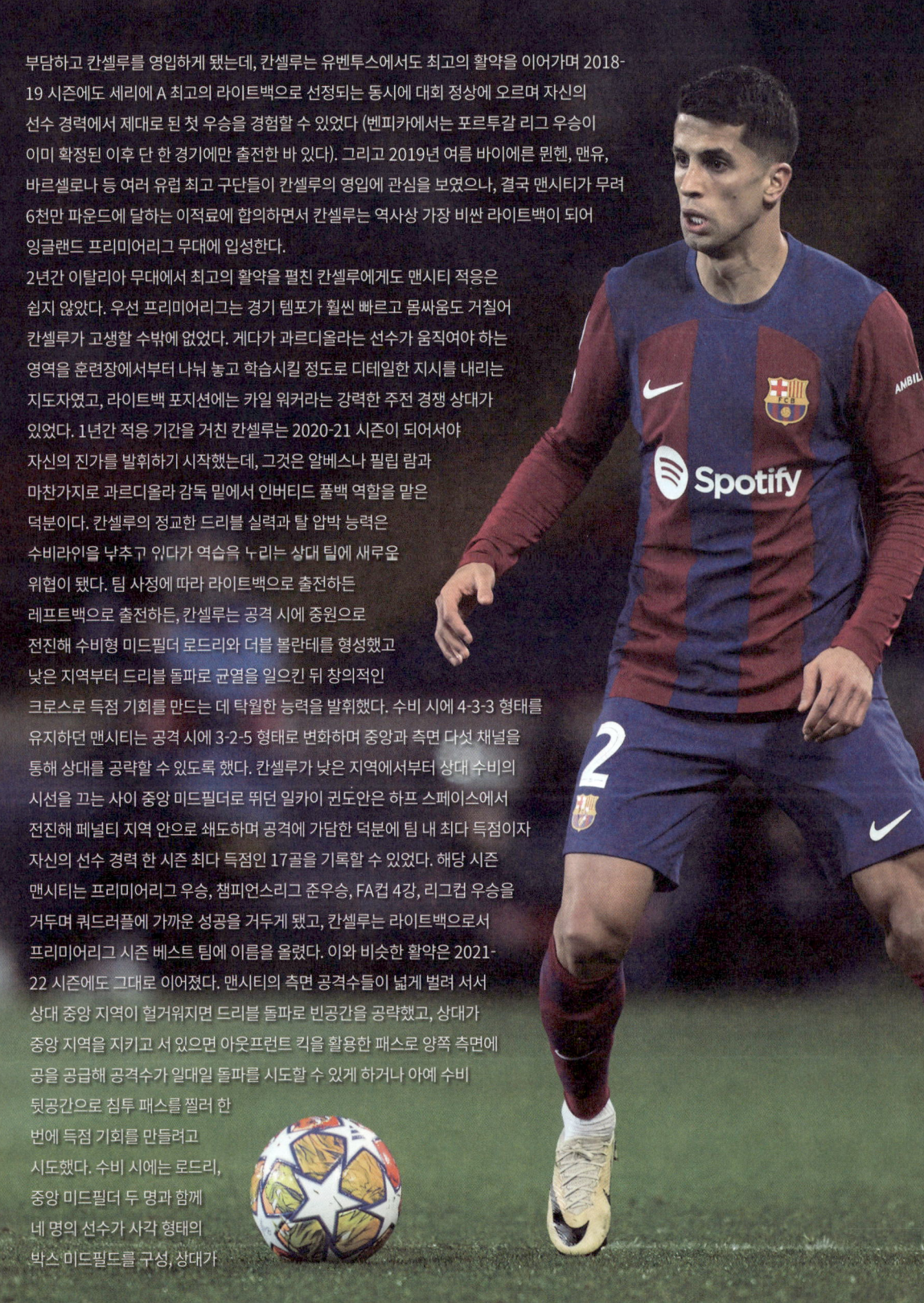

부담하고 칸셀루를 영입하게 됐는데, 칸셀루는 유벤투스에서도 최고의 활약을 이어가며 2018-19 시즌에도 세리에 A 최고의 라이트백으로 선정되는 동시에 대회 정상에 오르며 자신의 선수 경력에서 제대로 된 첫 우승을 경험할 수 있었다 (벤피카에서는 포르투갈 리그 우승이 이미 확정된 이후 단 한 경기에만 출전한 바 있다). 그리고 2019년 여름 바이에른 뮌헨, 맨유, 바르셀로나 등 여러 유럽 최고 구단들이 칸셀루의 영입에 관심을 보였으나, 결국 맨시티가 무려 6천만 파운드에 달하는 이적료에 합의하면서 칸셀루는 역사상 가장 비싼 라이트백이 되어 잉글랜드 프리미어리그 무대에 입성한다.

2년간 이탈리아 무대에서 최고의 활약을 펼친 칸셀루에게도 맨시티 적응은 쉽지 않았다. 우선 프리미어리그는 경기 템포가 훨씬 빠르고 몸싸움도 거칠어 칸셀루가 고생할 수밖에 없었다. 게다가 과르디올라는 선수가 움직여야 하는 영역을 훈련장에서부터 나눠 놓고 학습시킬 정도로 디테일한 지시를 내리는 지도자였고, 라이트백 포지션에는 카일 워커라는 강력한 주전 경쟁 상대가 있었다. 1년간 적응 기간을 거친 칸셀루는 2020-21 시즌이 되어서야 자신의 진가를 발휘하기 시작했는데, 그것은 알베스나 필립 람과 마찬가지로 과르디올라 감독 밑에서 인버티드 풀백 역할을 맡은 덕분이다. 칸셀루의 정교한 드리블 실력과 탈 압박 능력은 수비라인을 낮추고 있다가 역습을 노리는 상대 팀에 새로운 위협이 됐다. 팀 사정에 따라 라이트백으로 출전하든 레프트백으로 출전하든, 칸셀루는 공격 시에 중원으로 전진해 수비형 미드필더 로드리와 더블 볼란테를 형성했고 낮은 지역부터 드리블 돌파로 균열을 일으킨 뒤 창의적인 크로스로 득점 기회를 만드는 데 탁월한 능력을 발휘했다. 수비 시에 4-3-3 형태를 유지하던 맨시티는 공격 시에 3-2-5 형태로 변화하며 중앙과 측면 다섯 채널을 통해 상대를 공략할 수 있도록 했다. 칸셀루가 낮은 지역에서부터 상대 수비의 시선을 끄는 사이 중앙 미드필더로 뛰던 일카이 귄도안은 하프 스페이스에서 전진해 페널티 지역 안으로 쇄도하며 공격에 가담한 덕분에 팀 내 최다 득점이자 자신의 선수 경력 한 시즌 최다 득점인 17골을 기록할 수 있었다. 해당 시즌 맨시티는 프리미어리그 우승, 챔피언스리그 준우승, FA컵 4강, 리그컵 우승을 거두며 쿼드러플에 가까운 성공을 거두게 됐고, 칸셀루는 라이트백으로서 프리미어리그 시즌 베스트 팀에 이름을 올렸다. 이와 비슷한 활약은 2021-22 시즌에도 그대로 이어졌다. 맨시티의 측면 공격수들이 넓게 벌려 서서 상대 중앙 지역이 헐거워지면 드리블 돌파로 빈공간을 공략했고, 상대가 중앙 지역을 지키고 서 있으면 아웃프런트 킥을 활용한 패스로 양쪽 측면에 공을 공급해 공격수가 일대일 돌파를 시도할 수 있게 하거나 아예 수비 뒷공간으로 침투 패스를 찔러 한 번에 득점 기회를 만들려고 시도했다. 수비 시에는 로드리, 중앙 미드필더 두 명과 함께 네 명의 선수가 사각 형태의 박스 미드필드를 구성, 상대가

쉽게 맨시티의 중원을 거쳐 위협적인 역습을 진행할 수 없도록 차단했다. 그러나 이러한 수비 임무에 칸셀루는 완벽하게 적응하지 못했고, 역습 저지 과정에서 실수를 범하거나 무리한 반칙으로 경고를 받는 모습을 종종 보이기도 했다. 그럼에도 칸셀루의 활약을 따라올 풀백은 많지 않았고, 2021-22 시즌에는 이전 시즌에 이어 또다시 프리미어리그 베스트팀에 이름을 올렸는데 이번에는 라이트백이 아닌 레프트백으로 선정되면서 다재다능함을 다시 한 번 인정받는 계기가 됐다. 인테르와 유벤투스 시절까지 포함해 칸셀루는 5년 사이에 무려 네 번이나 유럽 5대 리그에서 최고의 풀백 자리에 올랐지만, 맨시티도 과르디올라 감독도 정상의 자리에서 만족하고 현상 유지에 그치는 스타일이 아니었다. 워커라는 최고 수준의 경쟁자도 건재한 가운데 유망주 리코 루이스가 새롭게 두각을 나타내고, 센터백 출신인 존 스톤스마저도 인버티드 풀백 역할로 안정인 활약을 펼치면서 확고해 보이던 칸셀루의 입지는 흔들리기 시작했다. 과르디올라는 칸셀루를 측면 공격수 자리에도 배치하며 최대한 다양한 방식으로 활용하길 원했지만, 그러는 사이 지나치게 많은 전술 요구에 지쳐가던 칸셀루는 불만이 쌓였고 이번에도 그 불만을 숨기기보다는 곧바로 표현했다. 과르디올라는 자신이 팀을 완벽하게 장악하는 스타일의 감독이기 때문에 팀을 위해 헌신하는 대신 자신의 의견을 주장하는 칸셀루의 태도를 용납할 리 없었다. 결국 칸셀루는 전반기만을 마치고 2023년 1월 이적 시장을 통해 새로운 행선지를 모색, 바이에른 뮌헨으로 임대되면서 맨시티와의 관계는 빠르게 정리되어 사실상 끝을 맺게 된다. 바이에른에서도 마찬가지로 번뜩이는 재능은 보여줬지만 주전 수비수로서의 안정감은 주지 못해 출전 시간이 갈수록 줄어들었다. 결과적으로는 2022-23 시즌 맨시티와 바이에른이 각각 프리미어리그와 분데스리가에서 우승을 차지하면서 칸셀루는 다니엘 아마티, 데이비드 베컴에 이어 한 시즌에 두 개 리그에서 우승 메달을 받는 역대 세 번째 선수가 되기도 했다. 아마티의 경우 덴마크 리그, 베컴의 경우 미국 MLS 컵 우승이 포함된 기록이라 유럽 5대 리그 내에서의 한 시즌 동시 우승은 칸셀루가 유일하다. 이어진 2023-24 시즌에는 바르셀로나로 임대돼 여전히 번뜩이는 공격력을 과시했으나 수비에서는 더욱 집중력이 떨어진 모습을 보여 신뢰를 주지 못했다. 특히나 파리 생제르맹(PSG)과의 챔피언스리그 8강 2차전 홈 경기는 최악의 순간이었다. 바르셀로나는 1차전 원정 경기에서 3-2 승리를 거두고 돌아왔고, 전반 12분 만에 선제골까지 터트리며 두 골 차의 리드를 잡았다. 그러다 전반 29분에 센터백 로날드 아라우호가 상대의 유망한 득점 기회를 고의적인 반칙으로 막았다가 그대로 퇴장당하면서 바르셀로나는 남은 시간 수비에 집중해야 하는 상황이 됐다. 그런데 레프트백으로 출전한 칸셀루는 상대 측면 공격수 우스망 뎀벨레의 움직임을 막지 못해 전반 40분 첫 실점을 허용했고, 바르셀로나가 1-2로 뒤지던 후반 16분에는 위험한 상황이 아니었는데도 뎀벨레에게 성급한 태클을 가해 페널티킥까지 내주면서 결국에는 8강의 승부가 역전되는 실점에 큰 빌미를 제공했다. 칸셀루가 중요한 승부처에서 단점을 드러낸 마당에 바르셀로나는 30대가 가까워진 풀백에게 거액의 이적료를 투자하기를 망설였고, 2024년 여름 사우디의 알 힐랄이 2,500만 유로의 이적료를 제시하며 칸셀루를 영입하는 데 성공했다. 칸셀루는 개성이 강하고 장단점이 명확해서 전술 운용과 선수 관리 능력 모두 뛰어난 지도자를 만났을 때 최고의 모습을 보여줄 수 있는 쓰기 까다로운 풀백이라고도 볼 수 있다. 그러나 2010년대 후반부터 2020년대 초반 유럽 최고의 명문 팀들을 거치며 펼친 활약으로 세계 최고의 풀백 중 하나로 꼽히기에 충분할 정도의 재능을 입증했고, 특히나 이제는 대세가 된 인버티드 풀백 역할로는 따라올 선수가 많지 않은 것이 사실이다.

"누구도 게리 네빌이 되기를 꿈꾸며 축구를 시작하지는 않는다." 이는 리버풀의 전설적인 수비수 제이미 캐러거가 방송에 출연해 맨유 출신 수비수 네빌을 향해 농담으로 던진 말이다. 네빌이 맨유의 원 클럽 맨으로 누구보다 화려한 선수 생활을 보내며 여덟 번의 프리미어리그 우승과 두 번의 챔피언스리그 우승을 차지했음에도 자조적인 농담의 대상이 될 만큼 풀백은 주목을 받지 못하고 별다른 개인 기술이 필요하지 않은 포지션으로 생각되곤 한다. 그렇지만 풀백은 늘 경기 흐름을 파악하며 상대의 플레이를 한발 먼저 예측해 공격에 가담할지 수비로 전환할지를 판단하면서 가장 빠르고 많이 뛰어다녀야 하므로 개인 기술은 물론 축구 지능과 체력까지 모두 수준 이상으로 갖추고 있어야만 성공할 수 있는 포지션이기도 하다. 대한민국의 국가대표 풀백인 설영우 선수도 대학 2학년 시절 측면 공격수에서 풀백으로 포지션 변화를 권유받았을 때 처음에는 자존심이 상했다고 고백한 바 있지만, 결국에는 풀백으로 전환한 덕분에 자신의 장점을 극대화해 프로 선수가 될 수 있었고 좋은 활약으로 높은 평가를 받아 유럽 무대까지 진출할 수도 있었다. 설영우도 풀백을 목표로 축구를 시작하지는 않은 것 같지만, 이제는 이 책의 주인공인 트렌트 알렉산더-아놀드와 같은 등번호 66번을 사용하며 그를 롤 모델로 삼아 착실하게 성장하고 있다. 공격과 수비, 경기 조율까지 모든 걸 잘하고도 돋보이기가 쉽지 않은 풀백 포지션에서 발롱도르 수상을 노리는 것은 현실적으로 불가능에 가까워 보이기도 한다. 수비수 전체로 봐도 이탈리아의 전설적인 센터백 파비오 칸나바로만이 유일하게 수상의 영광을 누렸다. 하지만 축구는 빠르게 변화하고 있고, 이제는 맨체스터 시티 소속 스페인 국가대표 수비형 미드필더 로드리가 발롱도르의 주인공이 될 정도로 팀에 기여하는 다양한 방식이 전문가들과 팬들의 인정을 받기 시작한 것을 보면 아놀드의 발롱도르 수상도 머지 않아 현실로 다가올지 모른다. 아놀드는 풀백 최초의 발롱도르 수상이라는 자신의 목표를 이루기 위해 팬들의 비판을 감수하고 리버풀을 떠나 새로운 도전을 선택했다. 자유 계약 신분이 되어 리버풀에 이적료를 하나도 안기지 않은 채 떠나는 과정이 매끄럽지는 못했지만, 유소년팀 출신 선수이자 팬으로서 모든 최고 대회의 우승을 차지했기 때문에 리버풀을 향한 아놀드의 애정을 의심할 필요는 없을 것이다. 아놀드가 새로운 팀에서 또 한 차원 높은 활약을 보여줄 수 있을지, 리버풀이 아놀드가 남긴 커다란 공백을 성공적으로 메울 수 있을지 주목해 보자. 아놀드도 리버풀도 각자의 미래를 철저하게 준비할 게 분명하다.

INVERTED FULL-BACK

1ST PUBLISHED DATE 2025. 12. 19

AUTHOR Sunsoo Editors, Lee Yonghun
PUBLISHER Hong Jungwoo
PUBLISHING Brainstore

EDITOR Kim Daniel, Kim Jinho, Jeong Chaehyun, Park Hyerim
DESIGNER Lee Yeseul, Jeon Youngjin
MARKETER Bang Kyunghee
E-MAIL brainstore@publishing.by-works.com
BLOG https://blog.naver.com/brain_store
INSTAGRAM https://instagram.com/brainstore_publishing
PHOTO Getty Images

ISBN 979-11-6978-070-4(03690)

Copyright © Brainstore, Lee Yonghun, 2025 All rights reserved.
Reproduction without permission is prohibited.

INVERTED FULL-BACK